Nilz Bokelberg

Auf Entdeckungstour

Schön, dat de do bes!

ins Herz von Köln

POLYGLOTT

Wer in der Dämmerung am Fuß der Hohenzollernbrücke steht, dem springt der Kölner Dom ins Auge – man kann da nur ein Herz formen.

Willkommen in Köln: Schön, dat de do bes!*

Ich komme aus dem Rheinland, bin in dem kleinen Städtchen Wesseling aufgewachsen, das am Rhein direkt zwischen Köln und Bonn eingeklemmt ist. Etwas näher an Köln, denn Köln grenzt direkt mit einem Stadtteil an Wesseling an (Godorf, das man in Köln eigentlich nur wegen seinem IKEA kennt), bis Bonn hingegen muss man sich noch durch einige Rheindörfer schlagen. Tatsächlich hat Wesseling auch mal ganz kurz zu Köln gehört.

Das war so: Als Köln mit dem sogenannten Köln-Gesetz eine große (und überfällige) Gebietsreform durchführte, wurde Wesseling zu Köln eingemeindet. Allerdings nicht ganz freiwillig. Sicher, wenn Wesselinger in der Fremde sind, geben sie sich immer als Kölner aus. Das ist cooler und auch einfacher zu erklären. Aber so eine feindliche Übernahme, wenn auch von einem Freund, die hat den Wesselingern nicht geschmeckt. Und so haben sie geklagt und Recht bekommen, und schon anderthalb Jahre später gehörte Wesseling nicht mehr zu Köln. Zumindest nicht auf dem Papier. Im Hätz (= Herz) aber sehr wohl.

Wo war ich? Ach ja: Wie für so viele Wesselinger war Köln meine erste Großstadt. Mein erstes Kneipenviertel. Meine erste richtige Konzertheimat. Auch die erste Großstadt, in die ich gezogen bin. Wo ich dann meinen ersten Stammclub hatte. Meinen ersten Job. Meine ersten sexuellen Eskapaden. Und meine erste und bis dato auch einzige Mitgliedschaft in einem Sparverein in einer Kneipe. Was soll ich sagen: Diese Stadt hat mich geprägt wie kein anderer Ort auf der Welt. Und auch wenn ich viel rumgekommen bin und die Mieten in Köln mittlerweile für einen schlechten Witz halte – selten bin ich so glücklich und zufrieden, wie wenn ich dort bin. Die Tage vergehen ganz besonders, die

*Schön, dass du da bist!

Abende sind lang, die Stimmung ist gut. Zeit funktioniert in Köln anders als in allen anderen Städten, die ich kenne. Vielleicht funktioniert sie dort gar nicht, vielleicht haben die Kölner:innen ein anderes Konzept von Tageseinheiten. Nicht umsonst hat der Dom keine Kirchturmuhr! (Korinthenkacker werden jetzt einwenden, dass eigentlich gar kein nennenswerter Dom eine Kirchturmuhr hat, aber nur weil andere das auch nicht haben, schmälert das ja nicht mein Argument …) Man verabredet sich nicht zu Uhrzeiten, sondern an Orten. Das befreit ungemein. Man trifft sich nicht »um acht bei Peter«, sondern »beim Pitter«. Man braucht dafür keine Uhrzeit,

Köln hat mich geprägt wie keine andere Stadt.

denn beim Pitter ist sowieso immer irgendwer, den man kennt. Und so ist Köln durchzogen von magischen Orten. Von potenziellen Treffpunkten. Und an jedem Ort weiß man ungefähr, wen man dort sieht. Es gibt Clubs, in denen man nur Sportstudenten trifft, Bars, in denen nur ehemalige Musikredakteure am Tresen hängen, und Imbisse, an denen nur Taxifahrer essen. Und mittendrin steht man dann und überlegt, worauf man heute Lust hat: kölsche Lieder oder kölsche Leader. Das Beste aber ist: Egal wie man sich entscheidet, man wird Einzigartiges erleben. Man wird Herzliches erleben. Und wie sehr man sich auch dagegen wehrt, man wird schnell feststellen: Die Welt wäre ein schönerer Ort, wenn alle Menschen Kölner:innen wären.

Meine Lieblingsorte
in Köln

Links: Der Kölner Dom ist nicht zu übersehen – da hat es sogar die Philharmonie schwer.
Unten: Selbst Schafe finden Köln toll – genüssliches Grasen auf den Poller Wiesen.

Geselliges Zusammentreffen auf dem Brüsseler Platz
im Belgischen Viertel.

»Köln ist nicht perfekt, aber vollkommen,
es ist vollkommen Köln.«
Heinrich Böll

Vier erhalten gebliebene Stadttore aus
dem Mittelalter – das ist das Eigelsteintor.

Köln ist Musik pur – Auftritt einer
Band in einem Schaufenster.

Man kann nur mitmachen oder abhauen:
Jecken bei einem Karnevalsumzug.

Oben: Für mich ist der Wochenmarkt in Köln-Nippes einer der schönsten.
Unten: Kölner:innen lieben es gemütlich – im Stadtgarten spielt Zeit keine Rolle.

Eine Perspektive ohne Dom ist nicht möglich, da kann sich die romanische Kirche Groß St. Martin in der Altstadt noch so sehr in Szene setzen wollen.

Mein Köln

Wallfahrtsort Hohenzollernbrücke: Verliebte befestigen hier Schlösser und werfen dann den Schlüssel in den Rhein – ganz Clevere behalten aber einen Zweitschlüssel.

1

Zwischen- menschliches

Ewige Liebe und Treue – wünschen sich auch viele Kölner:innen …

Kölner:innen haben ein Herz für Schlitzohren und für die Liebe und ein offenes Ohr für jeden am Tresen.

»Lück sin uch Minsche«*

Ich habe keinen Ort in Deutschland erlebt, in dem man so viel Wert auf Zwischenmenschlichkeit legt wie in Köln. Und zwar eine fast rührend selbstverständliche, unverurteilende und großzügige Zwischenmenschlichkeit, die den im ganzen Land abfällig gemeinten Spruch »Kommste heut nicht, kommste morgen« mit zärtlicher Gutgemeintheit auflädt.

Zeit ist in Köln ein recht dehnbarer Begriff, dem man mit stoischer Gelassenheit begegnet: Der Handwerker kommt laut Ankündigung irgendwann zwischen 7 Uhr morgens und 22 Uhr nachts? Wo beispielsweise der Berliner sich sofort in Wuttiraden à la »Na, mit uns könnes ja machen!« versteigt, denkt der Kölsche: »Geil, einen Tag nur warten!«
Denn warten, das kann der Kölner ganz fantastisch. Weil er sowieso andauernd auf irgendwas warten muss. Aufs nächste Kölsch, auf den Rosenmontagszoch, auf die KVB (die Kölner Verkehrsbetriebe). Das schult ungemein. Man lernt, sich seinem Schicksal zu fügen. Und das darf keineswegs fatalistisch verstanden werden. Aber wieso Energie investieren und sich aufregen, wenn davon die Bahn auch nicht schneller kommt? Dann doch lieber diese neu gewonnene Zeitinsel für etwas Nützliches verwenden. Zum Beispiel für ein Kölsch vom Büdchen oder ein kleines Schwätzchen mit seinen Leidensgenossen an der Haltestelle.

*In solchen Momenten wird einem immer wieder klar, dass der Paragraf »Et kütt wie et kütt«** aus dem kölschen Grundgesetz nicht nur eine hohle Phrase, sondern gelebte Realität in Köln ist.*

*   »Leute sind auch Menschen«
** »Es kommt, wie es kommt«

Das kölsche Grundgesetz ist ein von dem Kabarettisten Konrad Bei-kircher verfasstes, zehn, manchmal elf Paragrafen langes Regelwerk, das als einziges Regelwerk der Welt die Leute, die es betrifft, eher beschreibt, wie sie sind, als vorschreibt, wie sie zu sein haben.

Ein Kacktag und ein alter Kontrolleur

Andere Geschichte: Ich saß mal vor längerer Zeit in Köln in der Bahn nach Hause. Es war kein besonders guter Tag, ich war schlecht gelaunt, irgendwas hat nicht so hingehauen, wie ich es mir gewünscht hab. Und so bin ich am Friesenplatz in die Bahn gestiegen, hab mich auf einen Sitz fallen lassen und wollte nur noch nach Hause. Die Bahn fuhr los. Da hörte ich den einen Spruch, den man in diesem Moment auf gar keinen Fall hören will: »Fahrscheinkontrolle. Die Fahrausweise, bitte!«

Das hatte mir gerade noch gefehlt, an diesem Kacktag. In Köln sind in den Bahnen noch Ticketautomaten. Ich hätte zu einem gehen und erklären können, ich sei gerade erst eingestiegen, ich wollte mir eh ei-nen holen ... blablabla. Wie man das in so einer Situation eben macht: Das Gegenüber völlig zutexten in der Hoffnung, die Person gibt auf und lässt einen passieren. Aber an diesem Tag war ich so bedient, dass ich nicht mal darauf Bock hatte. Der Tag war Müll, und wenn er mir die-sen Ticketkontrollen-Müll noch als Sahnehäubchen obendrauf servie-ren wollte, dann sollte das so sein. Dann müsste ich nun mal erhöhtes Beförderungsentgelt bezahlen, ich hatte es anscheinend nicht anders verdient. Denn ich bin ja schließlich auch schwarzgefahren (übrigens ein richtiger Scheißausdruck, bei dem wir uns ruhig mal was Besseres einfallen lassen können ...). Richtig sauer richtete ich mich in meinem Schicksal ein. Aber da hatte ich die Rechnung ohne den Kölner gemacht.

Ein alter Kontrolleur, vielleicht in seinen 60ern, vielleicht schon da-rüber hinaus, vielleicht aber auch nur sehr, sehr alt aussehend (keine Ahnun,g wovon – eventuell Fortuna-Fan?), kam an meinen Platz, zeigte mir seinen Ausweis und sagte, mit einer traurigen, genervten Stimme: »Den Fahrausweis, bitte«, und ich antwortete trotzig-frustriert: »Hab ich nicht.« Wir sahen uns an. Sein leerer Blick, seine Erschöpfung und meine Trauer trafen sich auf halber Strecke und hatten nichts als tiefsten Respekt voreinander. Und dann sagte er zu mir: »Aber Sie wollten sich doch gerade einen holen, oder?« Ich sah ihn jetzt verwundert an, vermutlich so verwundert, dass er noch einmal mit Nachdruck sagte: »Oder?« Ich verstand. Sagte: »Ja klar!« und sprang auf und zog mir ein Ticket. Er hatte mich gerettet. Hat mir angedeutet, dass es doch noch ein guter Tag werden könnte. Hat mir zu verstehen gegeben, dass einem schlechte Laune doch nicht den ganzen Tag verhageln sollte, dass man sich nie seinem Schicksal einfach so ergeben sollte. In Wirklichkeit war er vermutlich einfach zu müde und hatte gar keinen Nerv auf den ganzen Papierkram oder fand seinen Job eh so scheiße, dass er gar keine Lust hatte, Menschen wegen einem dämlichen Ticket Scherereien zu bereiten, wenn die Lösung doch derart einfach war. Aber das ist egal. Wichtig ist, was wir voneinander gedacht haben, und da habe ich nichts als warme Gedanken und Gefühle für den traurigen, alten Kontrolleur aus der Linie 4, der mir viel Geld erspart hat. Und auch hier: Kaum vorstellbar in einer anderen Stadt. Wer jemals Kontrolleure in München oder Hamburg erlebt hat, weiß, was ich meine. So sind Begegnungen mit Fremden in Köln. Es gibt beiderseitiges Interesse. Und das ist auch wichtig, wenn man den Abend zum Beispiel in einer Kneipe verbringt.

Wie oft stand ich schon an irgendwelchen Tresen und hab Leute und ihre Geschichte kennengelernt, die mich an diesem Abend absolut fasziniert haben und die ich nie mehr wiedergesehen hab. Denn so ist das Leben halt: flüchtig. Und jeder Augenblick ist es wert, gefüllt zu werden. Mit Geschichten, die man noch nicht kennt.

Echte Verbindungen mit Schnaps

Ich habe mal eine Zeit lang in Hamburg gelebt. Der Liebe wegen. Es ist eine wunderschöne Stadt, mit tollen Menschen, tollen Orten, einem einzigartigen Kulturverständnis. Wir haben dieser Stadt eine Menge fantastischer Musik zu verdanken, von Hip-Hop bis zur »Hamburger Schule«, einer der wichtigsten Strömungen deutschsprachigen Indie-Gitarren-Rocks. Aber als ich da wohnte, kam ich nicht so richtig klar. Und hab nicht gewusst, wieso. Bis ich mich eines Abends mit einem Hamburger unterhielt und ihm mein Leid klagte. Der sagte dann nämlich zu mir:

Hein, einer der Besitzer der Kultkneipe Klein Köln – leider steht er nicht mehr hinter dem Tresen.

»Weißt du, Nilz, Hamburger sind sehr schwer zu erobern. Aber wenn du sie dann mal zum Freund hast, dann fürs Leben!«

Und das ist ja genau der Knackpunkt: Diese Ernsthaftigkeit, diese Verbindlichkeit, die ist ganz sicher etwas Besonderes, etwas sehr Ehrenhaftes. Aber mal bitte ganz im Ernst: Wenn ich abends in die Kneipe gehe und einen schönen Abend haben will, dann suche ich doch nicht den Freund fürs Leben. Klar, ich freu mich, wenn der sich aus Versehen findet und daraus etwas Besonderes erwächst, aber wenn ich am Tresen stehe, dann will ich über Gott und die Welt philosophieren, und dann geben wir uns einen Schnaps aus, weil wir in diesem Moment eine echte Verbindung spüren, selbst wenn wir gar nicht einer Meinung sind. Und wenn ich morgens aufwache, ist dieser Abend eine lustige Erinnerung und mehr meistens nicht, und das ist doch schon so wertvoll und besonders, dass ich mir gar nicht vorstellen kann, das als zu wenig zu empfinden.

Ich erinnere mich an einen Abend, viele Jahre her, an dem ich zufällig den Schauspieler und, nun ja, Ballermann-Sänger Willi Herren, *rest in peace*, über den Weg gelaufen bin. Ich hatte den schon mal auf irgendeiner Veranstaltung gesehen, und er hatte sich auch sofort an mich erinnert. Sicher kein Gesprächspartner für tiefenpsychologische Analysen, aber »ne leeve Jung«, wie man in Köln so schön sagt. Wir sind dann in einen der berüchtigten Läden gegangen, die auch unter der Woche geöffnet haben. Das Palm Beach (mittlerweile geschlossen). Und er fragte mich, ob wir nicht was trinken wollen würden. Klar, dachte ich, wieso nicht. Er bestellte also für mich einen Wodka Lemon mit, für sich einen Wodka Bull. Wir stießen an, er ging und der Barkeeper meinte zu mir, ich müsse noch die Drinks zahlen. Ich stand kurz bedröppelt an der Theke und hab mich dann kaputtgelacht: War doch witzig. Was für ein Schlitzohr!

So ist das in Köln. Ein Herz für Schlitzohren, ein offenes Ohr für jeden

Zufällig brausen Freunde vorbei – ein Plausch muss sein.

am Tresen und ein gelebtes »So jung kommen wir nicht mehr zusammen« in jeder Kneipe der Stadt. Na ja. Außer vielleicht in Godorf. Aber da geht man ja eh nur für Köttbullar hin.

Kommunikation unter kölschen Freunden

Dazu vielleicht erst mal eine Kleinigkeit aus der kölschen Kommunikation, die ich ganz rührend und bezeichnend finde. Ich hab es schon öfter erlebt, dass sich zwei Kölsche zufällig auf der Straße treffen.

Sagt der eine: »Wie isset?« (»Wie geht's?«)

Antwortet der andere: »Et jeit öm dich!« (»Es geht um dich!«)

Wie schön ist das denn? Wie herzlich, wie aufmerksam? Was vielleicht nur eine Floskel ist, offenbart die besondere Fürsorge der Kölschen füreinander. »Et jeit öm dich« sagt ja nichts anderes als: »Ist doch egal, wie es mir geht, erzähl doch bitte erst mal von dir und deinen Freuden und Sorgen, das ist jetzt wichtiger.« Ich finde das so herzzerreißend schön. Wenn schon die Begrüßungsformeln von so einer Wertschätzung geprägt sind, wie herzlich ist dann der Umgang miteinander?

Meine kölschen Freundschaften sind alle von einer unabdingbaren Liebe zueinander geprägt. Wir finden uns alle toll, auch untereinander.

Es gibt kein: »Ach nee, wenn der kommt, komm ich nicht« oder so. Und sollten sich Leute aus verschiedenen Freundeskreisen auf der Straße begegnen, so geraten sie sofort ins Plaudern. In Berlin kommen die Leute nicht mal aus ihren Vierteln raus. Gut, da haben die Bezirke auch ungefähr die Größe von halb Köln, aber trotzdem. Ich liebe die Vielfalt in den Beziehungen, die ich mit meinen Freunden erlebe. Wir können in der Küche zusammensitzen und über die existenziellsten Probleme der Welt diskutieren, nur um im nächsten Moment bei einem Waldmeisterschnaps zu beschließen, dass die Welt da draußen uns jetzt ruft. Manch ein Leser oder eine Leserin mag nun behaupten, dass das ja gerade der Witz von Freundschaften sei. Aber ich habe das in dieser Qualität, in dieser Parallelität, eine Freundschaft genauso wichtig wie leicht zu nehmen, in keiner anderen Stadt erlebt.

Nun werfen gelegentlich Menschen den Kölner:innen eine gewisse Oberflächlichkeit vor, unter anderem aus den Gründen, die ich hier schon als positive Eigenschaft zu erklären versucht hab. Und dazu denkt der Kölsche nur: Jot. Und? Ist freundliche, zugewandte Oberflächlichkeit im Alltag nicht schöner, als deepe und ernst gemeinte Grummeligkeit? *I am looking at you*, Jever-Trinker im Regen, der es unter »Freundschaft fürs Leben« nicht macht!

Kölsche Liebe in all ihren Formen

Ach, der Kölsche ist ein Romantiker vor dem Herrn. Wenn man eine deutschlandweite Umfrage starten würde, käme mit allerhöchster Sicherheit dabei raus, dass Menschen aus Köln sich am schnellsten verlieben. Und warum denn auch nicht? Es ist das schönste Gefühl der Welt, es ist das, wonach wir alle streben. Warum sollten wir also nicht dafür sorgen, so viel wie möglich davon abzubekommen?

Geflirtet wird in Köln nicht sonderlich subtil. Und das ist auch nicht nötig: Wir wissen doch alle, warum wir hier sind, auf dieser Erde. Vielleicht trägt die Sozialisation durch den Karneval dazu bei, dass man nicht versucht zu verstecken, wenn man jemanden gut findet. Denn das kann man an Fasteloovend nun wirklich super üben, weil man sich da beispielsweise in einen Piraten, ein Huhn oder eine Römerin verguckt. Überhaupt ist Karneval das Fest der Liebe. Und wen wundert's, wenn man beim gemeinsamen Singen und Schunkeln auf einmal tiefe Gefühle für jemanden entwickelt, der oder die einem vor einer Stunde noch völlig fremd war. Es ist die Magie der Musik, der Zauber der Gemeinschaft, die emotionale Wucht des gemeinsamen Musizierens, das süße Geheimnis des Verkleidens – all das kommt an Karneval zusammen und sorgt für eine Atmosphäre voll tief ergreifender Liebe und knisternder Erotik …

Na gut, vielleicht hilft auch noch das eine oder andere Kölsch nach. Aber wirklich nur als Unterstützung. Das Gefühl ist schon vorher da. Noch heute hat Köln zehn Monate nach Karneval die höchste Geburten-

Das eine oder andere Kölsch hilft sicher, um sich in eine romantische Stimmung zu bringen (und Kölner:innen sind Romantiker).

rate. All die kölschen Herbstkinder – das werden mal super Karnevalisten. Und die können ja dann die Familientradition fortführen.

Aber mal im Ernst: Das sind vielleicht flüchtige Bekanntschaften, in den seltensten Fällen andauernde Liebesbeziehungen – aber was macht das schon? Ist die Liebe nicht lebenswert in all ihren Formen, Farben und vor allem: Längen? Eine dreitägige Karnevalsliebe kann unter Umständen romantischer und liebeserfüllter sein als eine langjährige Beziehung mit der Sandkastenliebe. Liebe nach Quantität zu bewerten, das ist kein kölscher Stil. Das ist ehrlich gesagt überhaupt kein Stil. Der Romantiker weiß, es ist schön, jemand an seiner Seite zu haben, die oder der mit einem durch dick und dünn geht, aber man muss die Liebe feiern, wie sie fällt. Und wenn Köln nicht sowieso mindestens die deutsche Hauptstadt des »Lieb, wen du willst« ist, dann weiß ich es auch nicht. Die Selbstverständlichkeit, mit der man hier schon lange den unterschiedlichen romantischen (oder auch erotischen) Vorstellungen begegnet, ist etwas, was definitiv die Lebensqualität dieser Stadt ausmacht. Das muss auch nicht heißen, dass jeder alles immer gut findet. Aber dass es nun wirklich charakterlich keinen Unterschied macht, ob jemand Frauen, Männer oder irgendwas dazwischen liebt, hat man in Köln verinnerlicht wie in kaum einer anderen Stadt in Deutschland. Und das ist der Verdienst der Sichtbarkeit, die sich die queere Community in Köln erkämpft hat. Denn was man immer wieder sieht und erlebt, wird irgendwann Normalität. So ist der Kölner CSD auch einer der größten im Land. Was nicht sehr verwunderlich ist: Die Liebe und ihre Vielfalt feiern, mit einem Zoch mitten im Sommer? Da simmer dabei, dat is prima!

Die Liebe kann und soll man immer und überall feiern, so leben Kölner:innen. Und dass so etwas einen Einfluss auf die Stimmung in einer Stadt hat, auf die Atmosphäre eines Ortes, das kann sich jeder ja wohl denken. Natürlich ist auch in Köln und zwischen Kölner:innen nicht immer alles eitel Sonnenschein. Auch in Köln wird gestritten und dabei nicht selten geschimpft wie ein Rohrspatz. Aber vielleicht lässt sich in puncto Konfliktbewältigung etwas von den Kölner:innen lernen. Denn, so viel schon vorweg: Man kann hier zwar streiten, aber man kann Knatsch nicht besonders lange aushalten.

»Kein Kirch ohne Bänk; kein Ih ohne Zänk« – also »Keine Kirche ohne Bänke; keine Ehe ohne Zank« ist ein kölsches Sprichwort, das schön illustriert, wie realistisch der Blick der Kölschen auf zwischenmenschliche Beziehungen ist – allen Romantikertums zum Trotz. Manchmal kracht es eben, manchmal knirscht es. Das gehört dazu. In Freundschaften, in Liebesbeziehungen, in familiären Beziehungen – sogar bei neuen Bekanntschaften am Tresen kann schon mal der Zank ausbrechen. Na und? Da wird sogar eine gewisse Streitlust zelebriert, bei der man sich mit den wildesten kölschen Schimpfwörtern überzieht, bis es dem Wirt zu viel wird und er jedem ein neues Getränk hinstellt. Wer anstößt, kann nicht schimpfen. Klar.

Vertragen in Abwesenheit oder: Konflikt-Outsourcing

Kölner:innen haben, das mag an dieser Stelle so manchen überraschen, auch einen gelegentlichen Hang zum Drama. Und das nicht nur wegen seiner kathartischen Wirkung. Sondern auch, weil es einfach Spaß macht. Wenn man nicht ab und zu mal im Leben übertreibt, wozu machen wir den ganzen Driss denn dann sonst? Und das ist eben das Schöne am Streit: Da ist Übertreibung erwünscht. Aber auch da hat der Kölner eine Technik verinnerlicht, die wieder zeigt, wie wichtig ihm das Gegenüber ist: Denn so richtig regt er sich erst auf, wenn die Person, mit der er im Clinch ist, nicht da ist. Bevorzugt mit dem besten Freund oder der besten Freundin (wenn gerade niemand greifbar ist, geht auch ein Taxifahrer oder Frittenbudenbetreiber oder sonst jemand, der nicht wegkann), wird sich einmal richtig ausgekotzt. Die zuhörende Person hat da wirklich nur diese eine Funktion: zuhören. Man sollte tunlichst nicht zustimmen, da man sich damit sehr unbeliebt macht. Schimpfen dürfen nur die Streitparteien, alle anderen dürfen zuhören.

Klar, Hannoveraner werden jetzt einwenden, dass das »lästern« sei und »hinter dem Rücken« der anderen Person und so. Das ist eine Sichtweise. Aber eine sehr negative, seinen Mitmenschen immer das Schlechteste unterstellende. Es ist doch so: Dass man sich jemand anderen als Blitzableiter sucht, um dann zurückzugehen und sich wieder zu vertragen, ist doch ein zutiefst humanistischer, menschenliebender

Akt. Denn so sind sie, die Kölner:innen. Sie haben genau verstanden, was das Problem an Streit ist.

Im amerikanischen Standardwerk für Polyamorie, »The Ethical Slut (Schlampen mit Moral)«, in dem auch äußerst wertvolle Beziehungstipps für alle anderen Beziehungsformen stehen, schreiben die Autorinnen zum Beispiel, dass sie, wenn sie in einen Streit miteinander geraten, nach 20 Minuten auseinandergehen, da sie festgestellt haben, dass sich nach diesem Zeitpunkt alles wiederholt und der Streit in die Phase geht, in der man versucht, die andere Person zu verletzen. Sie trennen sich dann räumlich und kommen nach einiger Zeit wieder zusammen, wenn die dunklen Wolken verflogen sind und klären, was auch immer das eigentliche Problem war, ganz in Ruhe. So machen es Kölner:innen eben intuitiv, nur noch mit einer Stufe dazwischen, in der man den ganzen Frust und Ärger ablädt. Und für die Personen, die nur zuhören dürfen, ist das unproblematisch. Im besten Fall ist es sogar lustig, jemand über jemand anderen abledern zu hören. Man begeht eine gute Tat, in dem man nix macht. Einfacher war es nie, Bonuspunkte auf dem Karma-Konto zu sammeln. Das kommt dem kölschen Sinn für Gemütlichkeit sehr entgegen.

So etwas läuft in etwa so ab (zum Verständnis mal in Hochdeutsch geschrieben – bis auf die Parts, die man nicht übersetzen kann):

Jupp und Hannes

Jupp: Jung, wo ich dich hier treffe, hast du eine Minute? Ich muss dir was erzählen. Die Rita!

Hannes: Klar, Jupp, schieß los. Ich war gerade auf dem Weg nach Hause, aber lass hören. Was ist mit der Rita?

Jupp: Ich sage dir, die Rita! Die hat sie doch nicht mehr alle! Die hat mich heute zusammengefaltet, weil ich die Wäsche falsch gewaschen habe.

Hannes: Echt?

Jupp: Wenn ich's dir doch sage! Ich hatte nix Böses im Sinn. Gut, die rote Socke, die hätte mir auffallen müssen. Aber so rosa sind die ganzen Sachen doch auch schön.

Hannes: Ja klar.

Jupp: Aber nee, sie meint, ich hätte alles versaut und ich wär zu nix zu gebrauchen und ich solle mich zum Teufel scheren.

Hannes: Nee?!

Jupp: Doch! Die hat mir Sachen an den Kopf geworfen, die alte Pingelsfott, das glaubst du nicht! Rosa oder weiß, ist doch drissegal!

Hannes: Ja, eben.

Jupp: Da! Sagst du auch! Siehste! Die spinnt doch, die hätt 'ne Nähl im Zylinder! Ich hab nur Wäsche gewaschen, aber das ist Madame dann auch wieder nicht recht. Da musst du doch 'ne Aap krigge!

Hannes: Ja, ja.

Jupp: Ach, vielleicht hätte ich einfach genau gucken sollen, bevor ich die Maschine angemacht hab. Ist ja auch ein bisschen meine Schuld. Das muss ich schon sagen.

Hannes: Klar.

Jupp: Ach, die Rita. Die ist so lieb. Jetzt tut sie mir fast leid. Wie sie da saß und e Pännche am trecke war. Das war nicht so schön. Das hat sie wirklich nicht verdient. Die ist doch so toll!

Hannes: Eben.

Jupp: Siehste, Hannes, du verstehst mich. Danke für deinen Rat. Ich geh wieder nach Hause, zurück zu Rita. Und dann gibt es eine schöne Versöhnungsschmuserei.

Hannes: Mach das.

Jupp: Danke Hannes, mach et jot!

Hannes: Mach et besser!

So verträgt man sich in Köln in Abwesenheit. Ist das nicht herrlich? Und so praktisch. Konflikt-Outsourcing.

Ich habe den Kölner Dom so gern, dass ich mit ihm spreche und ihn nachts auch mal streichele – aber wirklich nur nachts.

2

Alles für den Dom

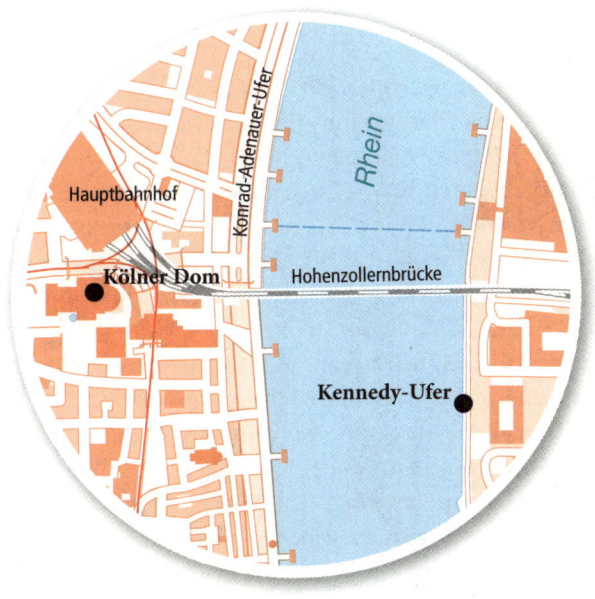

Ewig wurde am Kölner Dom gebaut,
das Geld pumpte erst der König rein,
danach ein Glücksspiel.

»Och der Dom es nit an einem Dach jebaut wode«*

Köln mag eine katholische Stadt sein, aber den Dom lieben alle, dafür braucht man keine Konfession. Und er ist auch beeindruckend, wie er sich mitten in der Stadt erhebt. Wie er da steht, als hätte er schon immer dagestanden. Als sei irgendwann mal die Erde aufgebrochen und hätte den Dom so rausgeschoben und wär dann wieder zugegangen.

Der Dom hat etwas, was menschlich nicht richtig erklärbar ist. Vielleicht liegt das daran, dass ich ihn schon kenne, seit ich klein bin. Immer wollte ich in den Dom, weil ich es geliebt habe, den Kopf in den Nacken zu legen und zu diesen hohen Decken hochzublicken. Höher als alles, was ich mir vorstellen konnte. So ein Gefühl, das bleibt vermutlich in einem stecken. Und damit hat die Konstruktion des Doms schon geschafft, was sie schaffen will: dass ich mich klein fühle und ehrfürchtig bin. Gottesfürchtig. So weit, so Kirche.

Nicht so ehrfürchtig wird man, wenn man sich die Geschichte des Dombaus ansieht. Denn es hat 632 Jahre gedauert, bis der Dom so stand, wie man ihn heute kennt. Das sind über 45 BERs! Man muss das mal alles in Relation sehen.

Nun war der Dom aber auch von Anfang an ein Mammutprojekt. Doch darunter konnte es nicht gehen, denn 84 Jahre bevor der Grundstein für den Dom gelegt wurde, hat die Stadt Köln etwas ganz Besonderes bekommen: Ab 1164 waren die Gebeine der Heiligen Drei Könige in der Stadt. Das ist natürlich ein ganz schöner Klops: Die angeblichen Knochen der Typen, die dem Jesuskind Weihrauch, Myrrhe und Balthasar … nee, Moment, Weihrauch, Myrrhe und Gold gebracht haben, weil sie dem leuchtenden Stern bis zur Krippe gefolgt sind. Da kann ich

---

* »Gut Ding will Weile haben«

Sieht total gut aus und ist richtig was Feines: Der aus Gold gefertigte Schrein für die Gebeine der Heiligen Drei Könige.

schon verstehen, dass man als Kirche feuchte Hände bekommt, wenn man die Knochen kriegen soll. Nun hat man erst einmal viele Jahre damit verbracht, denen einen Schrein zu schmieden. Aus Gold, was richtig Feines. Der wurde auch super, gilt heute als eine der anspruchsvollsten Goldschmiede-Arbeiten des Mittelalters. Und sieht noch immer total gut aus. Klar: An dieser Aufbewahrungsmöglichkeit mitzuarbeiten, war eine der besten Visitenkarten im Goldschmiede-Gewerbe, die man kriegen konnte. Deswegen gaben sich alle besonders große Mühe.

Nun war der Schrein irgendwann fertig und prachtvoll und den sterblichen Überresten der Heiligen Drei Könige durchaus angemessen, aber das Surrounding war es nicht: Der Schrein wurde im alten Dom aufgestellt. Der war schon groß und so, aber nicht so richtig prachtvoll. Mit viel Holz und so. Sehr einfach gebaut. Irgendwie nicht die Art von Gebäude, in der man eine superbesondere Sache aufbewahrt. Und schon gleich gar nicht besonders königlich. Nein, der Kirche in Köln war klar, dass sie mit dieser Attraktion zum Wallfahrtsort werden würde, und jetzt brauchte es das entsprechende Gebäude, um die Größe dieser Reliquie zu würdigen und zu repräsentieren. Köln würde zu einer Art Disneyland für Kirchenfans werden, und der Dom sollte das passende Cinderella-Schloss sein.

Ewige Bauerei

Also wurde am 15. August 1248 der Grundstein gelegt. Und dann ging es auch erst einmal los mit der Bauerei. Die Steine für den Dom kamen vom Drachenfels flussaufwärts. Dem Berg im Siebengebirge, auf dem angeblich Siegfried von den Nibelungen im Drachenblut gebadet hat. Da konnte man den Rhein gut als Transportweg nutzen. Und so haben die fröhlich vor sich hin gebaut. Immer mal wieder einen Abschnitt eröffnet und an den anderen Stellen weitergemacht. So ging das fast 300 Jahre, bis 1528. Und das lief, auch für die Stadt, richtig klasse. Aus dem ganzen Land, ach was, der ganzen Welt kamen Leute, nur um in der Nähe der Gebeine zu sein. Davon hat natürlich die Stadt profitiert. Hotels, Gasthöfe, Souvenirhändler – überall brachten die Pilger Kohle in die Kassen.

In der Zeit hat sich dann x-mal der Baustil verändert, je nachdem, was damals gerade angesagt war. Das kann man am Dom sehen. Aber er wurde einfach nicht fertig. Und dann kam noch das: Durch Luther und die Reformation war Pilgern leider nicht mehr so angesagt, und ohne Pilger kam plötzlich auch kein Geld mehr in die Stadt.

Doch irgendwer musste den Bums schließlich bezahlen, und wenn das keiner kann und will, dann steht eine Baustelle eben still.

Und so war es auch beim Dom. Ab 1528 ging erst mal gar nichts mehr. Alles war ein bisschen provisorisch geregelt, aber zum Fertigbauen hatte

keiner Zeit und Mittel. Die Skyline von Köln war zu der Zeit dann vor
allem bekannt für den Dom mit einem dicken Kran.

Auf diese Weise zogen ein paar Jahre ins Land, noch ein paar und
noch ein paar, und wer kennt das nicht: Eh man sich versieht, sind plötzlich 300 Jahre rum. Da passt man einmal nicht auf!

Sei's drum: Ein Kunsthändler aus Köln mit dem saugeilen Namen Sulpiz Boisserée fand den Dom irgendwie cool und wollte, dass der Bau
endlich beendet wird, und hat dafür wirklich alles gegeben. Er hat sogar
Goethe dazu überredet, sich quasi als früher Influencer für den Dom
einzusetzen. Hat er dann nach langem Hin und Her auch gemacht. Sulpiz' smartester Move aber war, gezeichnete Bilder vom fertigen Dom zu
veröffentlichen. Da haben erst alle kapiert, wie Hammer der eigentlich
aussehen sollte – und plötzlich wollten alle, dass der fertiggestellt wird.
Well played, Sulpiz.

Ich stelle mir übrigens immer vor, wie die Kölschen Sulpiz ausgesprochen haben. Das muss so super gewesen sein, wenn der wieder über
die Hohe Straße Richtung Dom gehetzt ist und ihm so Leute, die ihn
erkannt haben, hinterhergerufen haben: »SULLLLPITZ! WO JEHSTE?«
Das hat man doch sofort vor dem geistigen Auge!

Die kirchlich unbedenkliche Prämienkollekte

Jedenfalls, alle wollten, dass der Dom jetzt vollendet wird, auch der König, und alle pumpten ordentlich Geld rein. In dieser letzten Bauphase
hat er noch mal zirka, auf heute umgerechnet, eine Milliarde Euro gekostet. Eine Milliarde! Ich lach mich kaputt. Aber das Geld kam wirklich
aus allen Richtungen: vom Staat, von der Kirche, von der Stadt und auch
noch direkt von der Bevölkerung, nämlich in Form der Dombaulotte-
rie. Klar, für die Kirche war das erst einmal ein Albtraum, Geld durch
Glücksspiel zu generieren. Aber die Kölschen wären nicht schon damals
die Kölschen gewesen, hätten sie dafür keine Lösung gehabt, und so war
die offizielle Bezeichnung der Domlotterie dann eines Tages »Prämien-
kollekte«. Schon war es völlig in Ordnung und kirchlich unbedenklich.
Auch vor dem lieben Gott!

Und es hat gereicht: Der Dom wurde tatsächlich fertiggestellt! Am

Bei jedem Dom-Besuch schaue ich mir die Schmuckmadonna – eine Marienstatue in einer Art Barbie-Ballkleid – an.

15. Oktober 1880 wurde er eröffnet. Ich schreib hier extra nicht »feierlich«, weil es sehr viele Querelen um die Einweihung gab und die Kirchenleute sich ausgeschlossen gefühlt haben – von ihrer eigenen Eröffnung. Ist im Detail keine aufregende Story, eher sehr viel Mimimi von allen Beteiligten. So gab es aber die *weirde* Situation, dass an dem Einweihungstag nur die evangelischen Kirchen in der Stadt die Glocken geläutet haben. Den Kölner:innen war das total egal, die haben sich die Eröffnung trotzdem angeguckt. Auch um zu sehen, wer so alles an Promis da war. Also, wer damals halt so »Promi« war. Das waren meistens Leute, die wirklich für irgendwas Besonderes bekannt waren und nicht nur dafür, bekannt sein zu wollen. Wobei, das hätte ich mir auch schön vorgestellt, wenn damals die Geissens bei der Dom-Eröffnung gewesen wären. »Roooobert! Guck mal, die Türme! Roooobert!«

Übrigens, Fun Fact, der mir jedes Mal klarmacht, wie kurz eigentlich der Lauf der Geschichte ist: Im Publikum war vermutlich auch ein vier-, fast schon fünfjähriger Junge, der in der Stadt noch eine größere Rolle spielen sollte: der kleine Konrad Adenauer.

Smalltalk mit der Schmuckmadonna und den Dommauern

Ab da war er dann aber fertig und auf, der Dom. Und wenn man nur mal an die Außenwirkung denkt, dann haben die die Milliarde, die die Fertigstellung gekostet hat, bestimmt inzwischen wieder reingeholt. Die Kölner:innen jedenfalls werden ungeheuer sentimental, wenn sie vom Dom reden, gerade außerhalb Kölns. Und weil der so praktisch am Bahnhof liegt, geh ich am Ende fast jeder meiner Köln-Reisen dort rein. Mach eine Kerze an, denke an alle, die nicht mehr da sind, laufe ein bisschen rum, suche Details in den Fenstern, die mir bislang nie aufgefallen sind, staune immer wieder über das bunte Gerhard-Richter-Fenster und gucke mir jedes Mal die »Schmuckmadonna« genau an. Das ist eine kleine Marienstatue in einem großen Kleid, so eine Art Barbie-Ballkleid, und da haben die Leute Schmuck draufgehangen. Um sie um etwas zu bitten oder ihr für ihre Hilfe zu danken. Das sieht so toll aus. Man kann sogar direkt vor der Schmuckmadonna eine Kerze anmachen, und obwohl ich jedes Mal woanders eine anzünden will – bei ihr mach ich das besonders gerne. Wer die mal sehen möchte: Wenn man in den Dom reinkommt, hinten links. Da steht sie in einer Vitrine.

Meines Erachtens wird der Dom in Köln eher als Person wahrgenommen. Das mag auch eines der Geheimnisse sein, weswegen der so eine große Rolle im Leben der Kölner:innen spielt. Ich hab mich schon dabei erwischt, wie ich in Köln am Bahnhof ankam, zur Domseite rausging und ihm beim ersten Blickkontakt kurz zugenickt und »Na?« gesagt hab. Laut ausgesprochen. Einer Kirche aus Vulkangestein. Und ich bin mit Sicherheit nicht der Einzige, dem das in dieser Stadt passiert.

Gruppentherapie im Dom

Der Dom ist im Vereinslogo des 1. FC Köln, der Dom war das Letzte, was in der Stadt nach dem Krieg noch sichtbar stand, und es gibt kein kölsches Lied über Köln, in dem der Dom nicht vorkommt. Man kann auf seinen Südturm hochgehen – 533 Stufen – und bei gutem Wetter locker bis ins Siebengebirge gucken. Ich hab auf den Treppen zur Domspitze auch schon Angsttherapie-Gruppen gesehen, weil man auf dem letzten Stück so eine Art Alutreppe hochgehen muss, und da war ein Therapeut (ich hoffe mal, es war einer), der seiner Patientin mit jeden Schritt Mut gemacht hat. Und sie hat nicht aufgegeben!

Der Dom sieht nachts toll aus, richtig dramatisch, aber trotzdem irgendwie beruhigend.

Manchmal, wenn keiner guckt, gehe ich ganz nah an ihm vorbei und streichele seine Fassade. Ganz kurz.

Und stell mir dann vor, dass diesen Stein mal jemand vor mindestens 200 Jahren angefasst und hierhin verfrachtet hat. Das finde ich eine aufregende Verbindung zur Geschichte, selbst wenn es vielleicht ein bisschen albern ist. Aber dieser kalte, glatte Stein, der fühlt sich irgendwie speziell an. Ich kann aber nicht ausschließen, dass mir da mein kölsches Herz nicht ein bisschen was einredet.

Sei es, wie es ist: Der Dom ist toll. Man kann sich da in Ruhe reinsetzen und die Gedanken loslassen. Es ist vor allem toll, morgens in den Dom zu gehen, wenn die gerade erst aufgemacht haben und kaum jemand drin ist. Aber Vorsicht: Ich habe mal gelesen, dass ein Mitglied der Gruppe Basis (90er-Jahre-Kids werden sich erinnern: Die Band, die gesungen/gerappt hat: »Wenn ich nur noch einen Tag zu leben hätte …«) sich nach einem Auftritt in den Kölner Dom gesetzt hat, um Ruhe zu finden. Und wie er da so saß, kam jemand an und setzte sich zu ihm. Sie kamen ins Gespräch, und dann war das Basis-Mitglied für ein paar Wochen verschwunden.

Mal genau hinschauen: Im Vereinslogo des 1. FC Köln ist der Kölner Dom.

Niemand wusste, wo er ist. Bis er wieder auftauchte, gesund und munter. Er war bei einer Freien Christlichen Gemeinde gelandet und hatte dort einige Zeit verbracht. Offensichtlich hatte er diese Notbremse zu der Zeit gebraucht. Bless him. Aber: Hätte er sich nicht in den Dom gesetzt, wäre ihm das nicht passiert (mich hat im Dom übrigens noch nie jemand angesprochen, wenn ich da rumsaß – ich denke, man sitzt dort eigentlich auch relativ sicher).

Das Kreuz mit einer Rotlicht-Legende

Apropos sicher: Am 8. Februar 1995 gab es einen Schock im Dom: Jemand hat am helllichten Tag ein Kreuz aus der Schatzkammer geklaut. Das sogenannte Vortragekreuz, nicht sehr wertvoll, kein hoher Materialwert, aber von großem ideellen Wert, weil es bei jeder Prozession im Dom immer vorneweg getragen wird. Der Diebstahl ereignete sich

Vom Becher bis zum Teller mit Köln-Motiv – Besucher sollen etwas von dieser Liebe zu der Stadt abbekommen.

ziemlich genau 20 Jahre nach dem großen Domraub, der damals aufge-klärt wurde, weil die Einbrecher nicht so superclever waren. Also, den Bruch haben sie gut gemacht – alles andere, nä, eher nicht so.

Der Kreuzdiebstahl von 1995 ist aber vor allem kurios in seiner Auflösung: Der damalige Dompropst Bernard Henrichs hat überlegt, was er tun kann, um die Sache aufzulösen. Und wendet sich an die lo-gischste Stelle in diesem Fall: an Schäfers Nas, eine von Kölns größten Rotlicht-Legenden.

Schäfers Nas (er wurde so genannt, weil er eine wirklich auffällige Nase hatte) hatte einiges auf dem Kerbholz, aber wie das damals so war, ging von diesen Leuten auch ein gewisses Faszinosum aus. Dazu muss man wissen, dass Köln noch in den 60ern »Chicago am Rhein« genannt wurde und in Deutschland mit die höchste Verbrechensrate hatte. Man hatte diese ganze Rotlicht-Sache nicht sonderlich gut in den

Griff bekommen. Zumindest nicht aus behördlicher Sicht. Und in diesem ganzen Zirkus waren Schäfers Nas und Dummse Tünn (der wurde so genannt, weil er Anton Dumm hieß) die bekanntesten und größten Konkurrenten. Die Namen mögen außerhalb Kölns lustig klingen, aber mit denen war nicht zu spaßen. Sie waren sehr brutal, haben beide Haftstrafen abgesessen, wegen Zuhälterei und anderen Delikten. Und ja: Es gab einen Showdown zwischen ihnen, 1975, in Köln auf offener Straße. Ein Faustkampf, den Schäfers Nas durch K. o. für sich entschied.

In den 90ern war Schäfers Nas dann wieder auf freiem Fuß, als sich der Dompropst an ihn wandte: ob er ihm nicht helfen könne, das Kreuz wieder zu beschaffen. Er habe doch sicher die eine oder andere Verbindung, die da hilfreich sein könne. Schäfers Nas fackelte nicht lang. Was er genau tat, das hat er niemals verraten. Aber eines Tages traf er sich mit Henrichs im Rheinauhafen und gab ihm das Kreuz zurück. Der Dompropst verstand, dass es für ihn nicht so wichtig zu sein hatte, wie Schäfers Nas das genau bewerkstelligt hatte, und nahm den »Fund« dankbar entgegen. Den Finderlohn von 3000 D-Mark wies Schäfers Nas aber fast schon empört von sich. Und meinte, dass es doch eine Selbstverständlichkeit sei, dass er das wiederbeschafft habe, denn, Zitat, »D'r Dom bekläut man nit!«

Da haben wir es wieder, dieses Sprechen über den Dom, als wenn er eine Person wäre.

In diesem Fall anscheinend ein kleines, altes Mütterchen, dem man nicht das Portemonnaie klaut, weil es sich einfach nicht gehört. Es gibt ja so was wie eine Verbrecherehre.

Identitätsstiftende Skyline

Durch Umweltverschmutzung und Luftverpestung wird der Regen sehr aggressiv, und dieser Regen greift den alten Sandstein an, aus dem der Dom gebaut ist. Der wird dann porös und zerbröckelt und muss ausgetauscht werden. Deswegen sieht man auch immer ein Gerüst am Dom.

Der Witz ist: Da das den ganzen Dom betrifft, wird es irgendwann den Tag geben, an dem dann quasi eine Eins-zu-eins-Kopie an der Stelle steht, an der der Dom einst stand. Der Dom der Zukunft ist also wie Cher heute (und die Frau ist ja wohl eine IKONE!).

Nun, was lässt sich mitnehmen aus dem Verhältnis der Kölschen zu ihrem Dom? Das ist doch mehr als offensichtlich: Paris hat den Eiffelturm, New York hat die Freiheitsstatue, Berlin den Fernsehturm, und es gibt noch unzählige weitere Beispiele. All diese Bauwerke sind Monumente, beeindruckende architektonische Leistungen, und werden von ihren Städten entsprechend behandelt und gewürdigt.

Aber das ist doch langweilig! Warum so *underwhelming*? Warum werden diese identitätsstiftenden Landmarken nur als besondere Gebäude gesehen? Die haben doch alle eine Seele, die eng mit der Stadt verbunden ist, und genauso müssen sie auch behandelt werden. Man darf die nicht einfach nur als normalen Teil der Heimat-Skyline betrachten, man muss sich freuen, die wiederzusehen. Besingt sie in Hunderten von Liedern (ich kenne keinen Song, in dem der Berliner Fernsehturm vorkommt – ich kenne aber auch keinen, in dem die Freiheitsstatue vorkommt). *Love your monuments*, wirklich, so richtig lieben. Das mag einem komisch vorkommen, und vielleicht tut man sich in einigen Städten schwer, eine Beziehung zu den Dingen aufzubauen. München zum Beispiel, da hätte man die Frauenkirche im Angebot. Die ist doch aufregend, sogar mit einem angeblichen Fußabdruck des Teufels. Klar, die ist ein bisschen doof zugebaut. Wenn man durch die Stadt schlendert, muss man schon wirklich hinwollen. Aber sie ist Skyline-prägend, das weiß ich noch vom »Pumuckl«-Vorspann, und vielleicht muss man ihr nur einfach mal ein bisschen mehr Liebe zeigen.

Wenn das hier ein Münchner liest: Fahr doch heute hin und fass die an. Freut die sich! Und vielleicht, wenn gerade keiner guckt, auch mal grüßen.»Na, altes Haus« böte sich da wirklich sehr an. Und nach dem berühmten »Mer losse d'r Dom in Kölle«, wer weiß, vielleicht singt ja eines Tages ein bayerischer Mundart-Act: »Die Frauenkirch in Minga, die hot a Dirndl o« oder so. Aber gut. Da lässt sich sicher noch was Besseres finden.

Was und wo?

Kölner Dom

Der Dom ist toll. Man kann sich
da in Ruhe reinsetzen und die Gedanken loslassen. Es ist vor allem
toll, morgens in den Dom zu gehen,
wenn die gerade erst aufgemacht
haben und kaum jemand drin ist.
Wenn alles entdeckt wurde, folgt
der sportliche Teil des Tages: Wir
gehen auf den Südturm. 533 Trep-
penstufen gilt es zu erklimmen.
Auf dem Weg nach oben kommt
man auch an der Glocke vorbei, die
in Köln alle nur den »Dicken Pitter«
nennen. Und wenn man die da
so sieht in dem Holzgebälk – das
fand ich als Kind schon sagenhaft
aufregend. Da wird Mittelalter vor
dem geistigen Auge sofort leben-
dig. Und man stellt sich vor, wie
laut das sein muss, wenn die jetzt
plötzlich losgeht, während man vor
ihr steht.

• Domkloster 4, 50667 Köln
  www.koelner-dom.de

Von der »falschen« Rheinseite aus,
wenn die Lichter angehen, hat man
schon einen beeindruckenden Blick auf
den Dom.

TIPPS

Schönste Aussicht auf den Dom

Der Trick am Dom ist der gleiche
wie bei der Wohnungssuche: Man
zieht nie in das schöne Haus, denn
wenn man drin ist, kann man es
gar nicht mehr ansehen. Deswegen
immer gegenüber in das etwas
hässlichere Haus ziehen und den
schönen Blick haben. Den vermutlich besten und dramatischsten
Blick auf den Dom hat man in Köln
definitiv auf der Schäl Sick, der sogenannten falschen Rheinseite.
Wenn man da in Deutz vor dem
Hyatt auf den Promenadentrep-
pen sitzt, ein kleines Getränk da-
beihat und dem Himmel zuguckt,
wie er sich über dem Dom verdun-
kelt und in die Nacht übergeht –
das ist schon eine wirklich beeindruckende Aussicht. Sollte man
mal erlebt haben.

• Kennedy-Ufer 2A, 50679 Köln

Bei dem einen oder anderen Kölsch wird immer geklüngelt – in der
Gaststätte Lommerzheim (»Lommi«) in Köln-Deutz.

Kleinigkeiten zum Kölsch
Gewürzgurke   1.
Halven Hahn   4.⁵
Romadur   4.⁵
Mainzer, in Päffgen   4.⁹
Kölsch angelegt
Münsterkäse   6.
Rollspeck auf Schwarzbrot
Metthappen (2 halbe)
Blutwurst mit Röggelchen
und Schwarzbrot
Leberwurst mit Röggelchen
und Schwarzbrot

3

Kölscher Klüngel

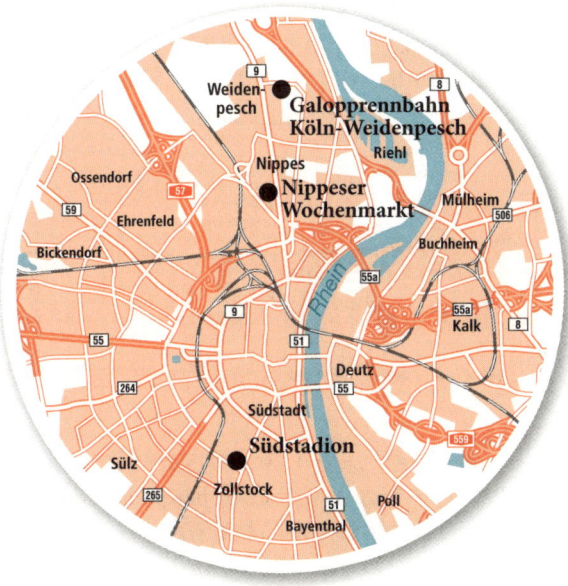

Irgendwer kennt immer irgendwen,
der für irgendjemand irgendwann
nützlich sein kann.

»Mer kennt sich, mer hilft sich«*

Eigentlich ergibt es gar keinen Sinn, dieses Thema hier so früh ins Buch zu bringen, weil es im kölschen Alltag eine eher untergeordnete Rolle spielt. Aber auf der anderen Seite ist es eines der größten Klischees über den Kölner an sich.

Damit wir alle befreit von diesen Gedanken die Reise fortführen können, klären wir das schnell hier. Dann kann sich jede und jeder bei den kommenden Kapiteln auf die reine Lehre konzentrieren und muss beim Lesen nicht immer denken: Ja, stimmt vielleicht, was da steht. Aber die Kölner:innen und der Klüngel! Da sollte man vielleicht erst mal vor der eigenen Haustür kehren! Von denen lass ich mir gar nix sagen!

Also gut. Der kölsche Klüngel. Erst einmal: Nur weil die Kölner:innen den Begriff »Klüngel« für sich nutzen, sind sie keine Fans von Korruption oder ähnlichen verbrecherischen Machenschaften.

Wir erinnern uns noch zu gut an den Kölner Müllverbrennungsanlagen-Skandal, der schon vom Namen her so sagenhaft unsexy ist, dass niemand etwas damit zu tun haben will – geschweige denn ihn zu rechtfertigen. Die Geschichte war grob so: Ein Müllunternehmer hat mehrere Politiker geschmiert, um den Zuschlag zum Bau einer Müllverbrennungsanlage zu bekommen – die, wie sich rausstellte, auch noch viel zu groß ist und nun neben dem kölschen Müllaufkommen mit Import-Müll gefüttert werden muss, um sich irgendwie zu rechnen. Alles an diesem Skandal ist so armselig, dass es kracht. Nein, nein, das

---

* »Man kennt sich, man hilft sich«; angeblich von Konrad Adenauer

firmiert zwar unter »Kölner Klüngel«, aber das hat nichts damit zu tun, was der Kölsche an und für sich darunter versteht.

Der Klüngel im Alltag ist viel eleganter, viel subtiler und viel ausbalancierter. Gucken wir noch mal zu unseren kölschen Prototypen Jupp und Hannes:

Jupp und Hannes

Hannes: Meine Tochter, die Jennifer, die will jetzt reiten lernen.
Jupp: Ja und?
Hannes: Ja wie, ja und? Wo soll die denn hier reiten lernen? Auf dem Groschenpferd vorm Rewe, oder was? Wir sind hier mitten in der Stadt, hier kannste doch nicht reiten lernen.
Jupp: Aber das ist doch kein Problem. Du bist Computerexperte.
Hannes: Ja und? Lass mal hören.
Jupp: Du kennst doch den Schmitzens Lang.
Hannes: Klar.
Jupp: Der hat doch so einen Getränkewagen.
Hannes: Ja und?
Jupp: Und die Trina, die heiratet doch nächste Woche.
Hannes: Ja. Klar. Was hat das aber mit dem Reitunterricht zu tun?
Jupp: Wenn jetzt der Lang der Trina beim Polterabend den Getränkewagen hinstellt …
Hannes: Was ist dann?
Jupp: Boah, Hannes, manchmal bist du aber schwer von Begriff: Der Cousin von der Trina, der Ralf, der ist doch dann auch da. Und die Frau von dem, die Silke, die hat der Mary aus Rodenkirchen mal einen Kuchen gebacken. Weil die den brauchte. Für den Kindergeburtstag ihrer Steffi.
Hannes: Ja, gut, aber ich verstehe immer noch nicht …
Jupp: Der Kindergeburtstag war doch da auf dem Reiterhof, drüben in Porz. Wenn du jetzt also dem Lang sagst, dass er der

Trina sagen soll, dass sie den Getränkewagen noch was billiger bekommt, wenn sie mit der Silke ausmacht, dass sie der Mary sagt, dass sie die Jennifer auf dem Reiterhof von Steffis Geburtstag unterbringen soll und dass du dafür dem Lang seinen Computer reparierst, dann ist alles schon ganz einfach gelöst.

Ist hier irgendwem schwindlig geworden? So ist sie, die hohe Kunst des kölschen Klüngels. Irgendwer kennt immer irgendwen, der für irgendjemand nützlich sein kann. Und man wäre schön doof, wenn man diese Menschen nicht zusammenbringen würde. In der Wirtschaft nennt man das heutzutage Synergieeffekte. Darum geht es. Nicht um so ein primitives Betuppen, nur damit irgendein Provinzfürst sich bereichert. Im Gegenteil: Was hier passiert, ist das, was man in anderen Großstädten immer wieder vermisst. Eine fast schon dörfliche Tauschkultur. Ein Miteinander, anstatt dass jeder anonym in seiner Wohnung versauert.

Es gibt doch diese Experimente, bei denen jemand einen Apfel so lange gegen wertvollere Dinge eintauscht, bis er ein Auto oder ein Haus oder eine Weltreise hat. Das geht in Köln vermutlich am einfachsten. Wenn der Kölsche auch ehrlich gesagt nicht so der Weltenbummler ist. Wenn man sein Leben lang damit beschäftigt ist, es sich zu Hause gemütlich zu machen – wieso sollte man dann wegfahren? Aber ich hege keinerlei Zweifel, dass man sich in Köln mit einem Apfel zu einer Weltreise tauschen kann. In vielen Fällen vermutlich sogar ohne Zwischenschritte.

Die Sache mit dem Helfen

Sich gegenseitig zu helfen ist etwas, das Menschen in anderen Städten deutlich schwerer fällt. Ich hab in meiner Zeit in Berlin schon mehrere Umzüge komplett allein über die Bühne gebracht. Weil es einfach sicherer ist, als Leute zu fragen, die dann sowieso nicht auftauchen, oder wie es mir einmal eine Freundin berichtete: Sie plante einen Umzug innerhalb Berlins, schrieb alle dafür in Frage kommenden Freunde an, wovon auch mehr als genug zusagten, um das Ganze schnell und schmerzlos

Helfen ist in Köln die selbstverständlichste Sache der Welt – aber ist das schon klüngeln?

über die Bühne zu bringen. Am Tag des Umzugs erschienen dann auch alle, die zugesagt haben. Es gab nur einen kleinen Haken: Zwei davon kamen sehr pflichtbewusst pünktlich – kreuzten aber direkt aus dem Club auf. Die waren den ganzen Tag dabei, erforderten aber eher selber Betreuung, weil sie es lustig fanden zu gucken, was in den Kartons alles ist, anstatt sie runterzutragen. Relativ unpraktische »Hilfe«, würde ich sagen, zumindest für einen Umzug. Auf einem Entertainment-Level war das wohl ganz witzig.

Ich bin dann aber schnell auf Umzugsunternehmen umgestiegen. Auch dafür muss man in Berlin ein dickes Fell haben: Als Schwächling, so wie ich, hat man in den Augen professioneller Umzieher ständig alles falsch gepackt. Und das stimmt mit Sicherheit auch. Ich bin da dann immer sehr freundlich und unterwürfig, denn ganz ehrlich: den ganzen Tag Kartons und Möbel schleppen? Ich würde diesen Beruf vermutlich eine halbe Stunde aushalten, wenn überhaupt. Trotzdem: Man muss ja nicht gleich alles und jeden anmeckern, der nicht so gut zupacken kann. Nun, dieses Memo ist bei Umzugsunternehmen in der Hauptstadt noch nicht angekommen. So lasse ich mich jedes Mal mit bösem Blick und entnervter Schnauze zurechtweisen, was ich alles falsch gemacht hab. Nur um ihnen zuzusehen, wie sie dann doch alles einpacken und weg-fahren. Es ist eine Art Tanz, ein Spiel, das man in dieser Stadt spielt. Das gehört dazu. Folklore, wenn man so will. Und nach über 15 Jahren, die ich in der Stadt wohne, hab ich mich ganz gut damit arrangiert. Das muss aber nicht bedeuten, dass ich nicht glaube, dass das nicht noch besser geht. Und so wenden wir unseren Blick doch mal wieder Rich-tung Dom.

Wenn's allen gut geht, geht's mir auch gut

In Köln hilft man sich anders: Vor Jahren bin ich einmal von Köln nach München gezogen, um dort zu studieren. Ich habe bis heute keinen Führerschein, was die Sache etwas komplizierter machte – aber nicht unmöglich. Ich schaffte es, über einen Freund einen Wagen zu mieten. Den räumte ich mit meinen Sachen voll. Einer meiner besten Freunde wollte mit mir am nächsten Tag nach München fahren. Dann aber der

Schock: Am folgenden Tag war er krank und konnte keinen Meter weit fahren. Ach du Kacke. Jetzt war ich richtig aufgeschmissen: Ich zog ja als Student nach München, ich hatte nicht ewig Kohle. Den Wagen einen weiteren Tag zu mieten, konnte ich mir beim knapp bemessenen Budget schlicht und ergreifend nicht leisten. Was also tun?

Ich telefonierte ein bisschen in meinem kölschen Freundeskreis herum, und keine zwei Telefonate später hatte ich einen Fahrer aufgetrieben: ein Kollege von einem Freund, der gerade Zeit hatte und dem ich leid tat. Der ist dann mit mir am nächsten Morgen nach München, hat dort mit mir den Wagen ausgeräumt, ist am selben Abend noch zurück nach Köln und hat den Wagen dort vollgetankt wieder abgegeben. Einfach so. Weil man sich halt hilft, unter Kollegen. Halleluja. Wie herrlich ist das?

Ja, gut, werden jetzt einige Leserinnen und Leser entrüstet in diese Seiten rufen. Und dann vielleicht so etwas sagen wie: »Ich komme aus Bielefeld, und mir hat auch mal ein Fremder mit meinen Einkäufen geholfen!« Ich freue mich darüber, denn das hat die Welt selbst in Bielefeld für einen Moment zu einem besseren Ort gemacht. Aber was lernen wir von den Kölner:innen und ihrer Art, Hilfe zu organisieren?

Nun: Das Ganze basiert auf einer sehr einfachen Lebensformel, die sich wie ein roter Faden durch die kölsche Lebensart zieht: »Wenn's allen gut geht, geht's mir auch gut.«

Diese Regel ist so simpel wie logisch und der Gegenentwurf zum allseits beliebten, aber nie funktionierenden »Wenn jeder an sich denkt, ist an alle gedacht«. Denn allein kommt man immer nur bis zu einem gewissen Punkt X. Ab da ist ein Fortkommen als Single Player nicht mehr möglich. Das ist reine Überlebensstrategie. Würde man die Kölschen mal beobachten wie in einer Tier-Doku, würde die Erkenntnis über das Wesen der Kölschen vermutlich ähnlich ausfallen:

DER KÖLNER IN SEINER NATÜRLICHEN UMGEBUNG

Hier sehen wir, wie sich ein kölsches Männchen auf den Weg durch den Großstadtdschungel macht. Natürlich sind wir bei diesen Aufnahmen versteckt, wir wollen es schließlich nicht verschrecken. Die kölschen Männchen sind sehr scheu, wenn sie merken, dass sie beobachtet werden. Ah ja, da sehen wir, wie das Männchen in den Gemeinschaftsbau zu den anderen kölschen Männchen geht. In der Zoologie nennen wir das eine »Kneipe«. Dort sitzt es für gewöhnlich eine Zeit lang, um einem seltsamen Sozialisierungsritual beizuwohnen. Es trinkt mit den anderen Männchen gelbliche Flüssigkeit aus längeren Behältern. Die Laute, die es dabei macht, klingen wie »Effzeh!« oder »Wat es?« oder »Machste mir noch ein Kölsch?«. Es sind keine Brunftschreie, so viel hat die Wissenschaft schon rausgefunden. Es ist eher eine Art Kommunikation mit den anderen Männchen, die über diese Laute stattfindet. Oh, jetzt werden wir Augenzeugen eines ganz besonderen Moments. Das Männchen, das wir schon den ganzen Tag begleitet haben, fasst sich in die Taschen seiner sogenannten Hose. Anscheinend will es dem Männchen, das ihn mit diesen Glasstangen versorgt hat, eine Belohnung geben. Aber, oje, es findet keine. Das ist ein kritischer Punkt, das kennen wir aus anderen Gebieten. Das kann schnell kippen, und das Männchen ergreift die Flucht oder kriegt Ärger … Aber was ist das? Es kommuniziert mit dem Männchen, das neben ihm saß. Und dieses kramt nun in seiner Hose und gibt unserem Männchen eine Belohnung, die dieses an das Servier-Männchen weitergibt. Wir wollen mal sehen, ob wir aus den Lauten, die dort ausgetauscht werden, etwas entschlüsseln können.

»Dank dir, Pitter! Daför kommste morgen bei mir in der Metzgerei vorbei, krisste schöne Extraportion Mett!«

»Bäh, Mett? Mag ich nit!«

»Ävver ich!«

»Jot, dann jiv dat Mett hier dem Jung, und mir gibste einfach nächste Woch dat Kölsch aus.« »Jot! So mache mer dat!«

Faszinierend, ein drittes Männchen hat sich eingeschaltet und bekommt jetzt anscheinend die Belohnung, die für das rettende Männchen vorgesehen war. Was für ein ungewöhnliches Verhalten.

Hein und ich stehen vor einer Fotowand in seiner Kneipe Klein Köln und schwelgen in Erinnerungen – und jeder hat was davon.

Natürliche Tauschbörse

Gut, verlassen wir die Welt der Sielmanns und Attenboroughs wieder. Aber so funktioniert das in Köln: Ich kann was nicht brauchen, aber du? Dann nimm das. Ist doch gut, wenn man Sachen nicht verschwendet, nur weil der ursprüngliche Adressat keine Verwendung dafür hat. Und diese Art von natürlicher Tauschbörse, die Kölner:innen in der DNA haben, das nennen sie eben Klüngel. Und das hat nix damit zu tun, dass sich irgendwelche Politiker-Schwadlappen die Taschen vollstopfen. Komm ich immer noch nicht drüber weg. Eine Müllverbrennungsanlage! Wie unglamourös soll es noch werden? Nee, nee, so nicht, Leute. Ich will auch nicht reich werden, weil ich zum Beispiel der bin, der die Kackebeutel für Hunde macht. Das kannste doch keinem erzählen, da haste doch gar nichts von deinem Reichtum. »Woher haben Sie denn so viel Geld?« – »Ähm … Das hab ich geerbt, von einer unbekannten Großtante aus … äh … Malmö.«

Aber, das bin ich Ihnen, liebe Leserinnen und Leser, an dieser Stelle schuldig, man muss auch lernen, mit dieser Art gesellschaftlicher Struktur zu leben. Denn diese Angebote, diese Ideen, dass jemand was hat, was der andere brauchen kann, die werden auch oft genug ohne das eigene Zutun weitergegeben. Es wird quasi über Dritte geklüngelt, die dabei nicht mal unbedingt anwesend sein, aber dann trotzdem mitziehen müssen, denn sonst würde das ganze Konstrukt zusammenbrechen. Wenn im anfänglichen Beispiel – sagen wir mal – die Mary nicht mitziehen würde, weil die sagen würde: »Ja, gut, ich hab doch nur einen Kuchen bekommen, warum soll ich da denn jetzt was für jemand völlig Fremden tun?«, dann stünde die Silke aber doof da vor dem Ralf, bei der Trina auf der Hochzeit, weil der Schmitzens Lang den Getränkewagen, nee, Moment, der Jupp könnte dem Lang … Ach, sehen Sie: Schon wenn man versucht, es aufzurollen, bricht das ganze Konstrukt zusammen, und am Ende gibt's keine schöne Hochzeit, endlose Computerprobleme, und die arme Jennifer kriegt keinen Reitunterricht. Das kann doch niemand wollen! Und deswegen muss man mitziehen. Fragen kann man hinterher noch, und so hat immer jeder was davon.

Ein Geschäft für Friseurbedarf

In meiner ersten WG in Köln, da war vielleicht immer was los. Mein Bruder, unser Mitbewohner und ich, wir hatten ständig einen Grund zum Feiern. Und wenn nicht, dann feierten wir, dass wir keinen Grund hatten. Da waren wir ganz die Teeparty aus »Alice im Wunderland« mit ihrem »Nicht-Geburtstag«. Einmal hatten wir meinen echten Geburtstag gefeiert, und ich fand es superwitzig, dass wir das im Flur unserer Wohnung machten, wo gerade Bänke und Tische hineinpassten. Alle Gäste mussten den kompletten Abend übereinander klettern, es war ein großer Spaß. Ein anderes Mal hatten wir kurz hinter der Eingangstür eine Rigipsplatte installiert (niemand wusste, wo wir die herhatten) und einzig ein Loch in Bodennähe gelassen, sodass man unsere Wohnung nur noch wie eine Hundehütte betreten konnte. Irgendjemand von uns kam an dem Abend etwas betrunken nach Hause, wunderte sich, weil er diese neue Installation vergessen hatte – und lief einfach durch die Wand.

Wir waren als WG außerdem Stammkunden im Geschäft für Friseur-
bedarf. Ein Freund von uns war ausgebildeter Friseur und hatte uns eines Tages gezeigt, wie man Haare richtig färbt (und blondiert) und uns
dieses alttestamentarische Geheimwissen quasi überlassen. Wir hatten
dann uns und unserem ganzen Freundeskreis immer wieder die Haare
gefärbt. Dabei gewannen wir auch eine gewisse Routine und Sicherheit
in diesem Prozess, der, zumindest wenn man ihn mit professionellen
Bestandteilen betreibt, eigentlich nicht unbedingt in einer WG stattfinden sollte, an deren Eingang seit Monaten die Reste einer eingetretenen
Rigipswand den Gang flankierten. Aber, und dass muss man an dieser
Stelle erwähnen: Auch wenn wir mit maximal konzentrierter Haarfarbe
(zwölf Prozent) gearbeitet hatten und die Köpfe beim Einwirken unter
den Aluhauben öfter heiß wurden und kribbelten: Es ist niemand dabei zu Schaden, niemand sind Haare abhandengekommen – zumindest
nicht, wenn ich dabei war. Und natürlich war es jedes Mal ein großes

Beliebte kölsche Redewendung: »Am Ende wird alles gut.« Und das stimmt auch.

Man kennt sich, man hilft sich. Auch in der Kneipe Em Golde Kappes in Köln-Nippes.

Fest, das Ergebnis zu sehen, wenn die nach Ammoniak riechende Matsche ausgewaschen wurde. Da wir ebenso einen großen Vorrat an Farben zu Hause hatten, wurden die frisch blondierten Haare auch gleich noch in den gewünschten Farben fertiggestellt. Das war ein spannender Aha-Moment, wenn die Farbe zum ersten Mal ausgewaschen wurde.

Warum ich das an dieser Stelle erzähle: Eines Tages klingelte es. Wie in fast jedem Haus, in dem ich in meinem Leben gewohnt habe, war auch hier die Gegensprechanlage eher Deko als funktional. Weswegen man einfach jedem aufgedrückt hat, der geklingelt hat. Und als ich die Tür öffnete, standen zwei Jungs vor mir. Die hatte ich noch nie gesehen. Ich rief meinen Mitbewohner, aber er kannte sie auch nicht. Wir hatten sie dann gefragt, was sie wollten. Sie drucksten ein bisschen herum. Eine Möglichkeit, die man damals in Betracht ziehen musste, war, dass es sich um »Fans« handelte, weil ich zu der Zeit gerade beim Musiksender Viva ein beliebter Moderator war – unter anderem übrigens, weil ich dafür bekannt war, immer so lustig wechselnde Haarfarben zu haben.

Nun, die beiden waren keine Fans, sie hatten was anderes im Sinn, wie sich zeigte, als die endlich mit der Sprache rausrückten: »Wir haben gehört, hier kann man sich die Haare färben lassen?« Mein Mitbewohner und ich sahen uns sprachlos an. Das war sehr kurios. Jemand hatte also den Jungs gesteckt, dass sie an einer Wohnung in der Nähe vom Ebertplatz klingeln sollen, weil man ihnen da die Haare färben würde. Und dann hatten sie all ihren Mut zusammengenommen und das auch noch gemacht. Davor konnten mein Mitbewohner und ich nur den allergrößten Respekt haben. Weswegen wir sie auch reinwinkten und ihre Haare färbten. Als sie am Ende erfuhren, dass das nichts kosten würde, gingen sie freudestrahlend mit neuen Haaren aus dem Haus. So geht das in Köln. Man kennt sich, man hilft sich. Und wenn man sich nicht kennt, hilft man sich trotzdem. Weil: Irgendwer wird einen ja kennen. Da will man lieber auf Nummer sicher gehen. Nicht dass man selbst irgendwann einmal was braucht, und einer hat das, und der sagt dann: »Nee, kriegste nicht, du hast meinem Großcousin damals nicht die Haare gefärbt.« Oder so.

Profit ohne Erbsenzählerei

Dieses ganze gerade beschriebene Rumgeklüngel wird jetzt, zu Recht, die wenigsten Leserinnen und Leser empören. Warum auch? Es ist nichts Illegales, niemandem wurde etwas genommen und alle profitieren. Und ja, es gibt sicher auch Klüngeleien, von denen erst mal nur eine Seite profitiert. Aber was wäre das für eine Erbsenzählerei, sich darüber aufzuregen? So geht Klüngel nicht, und so geht auch der Kölner nicht.

Ist doch gut, immer irgendwo einen Gefallen offen zu haben, selbst wenn man ihn niemals braucht.

Oder anders gesagt: Wer keinen Gutschein für vergünstigten Eintritt ins örtliche Spa seit mindestens fünf Jahren in der Küchenschublade hat, von dem er dachte, dass er ihn eines Tages total gut brauchen kann, der werfe den ersten Stein. Quod erat demonstrandum. Und ganz ehrlich: Sie werden diesen Gutschein für immer vergessen, zumindest dann, wenn sie ihn wirklich brauchen können. Wenn sie an der Kasse von besagtem Spa stehen zum Beispiel. Aber in den Zeiten dazwischen, wo Sie sich an ihn erinnern oder ihn mal wieder zufällig in der Hand haben, werden Sie ein gutes Gefühl haben. Das gute Gefühl, noch einen Gefallen offen zu haben. Und manche Sachen sind am wichtigsten für das Gefühl. So spiele ich übrigens auch Lotto. Ich würde wirklich irre gerne gewinnen. Aber allein die fünf Minuten nach Abgabe des Lottoscheins, in denen ich bereits darüber nachdenke, wie ich den Jackpot von 15 Millionen auf meine Liebsten und mich verteile, sind die geringe Ausgabe für den Schein total wert. Ist im Grunde wie Achterbahn fahren nur dass man Dagobert Duck ist. Denn einen Lottoschein abzugeben, bringt mich den Millionen so nah wie sonst nichts. Gut, außer Sie alle würden jetzt Ihren Liebsten und die ihren Liebsten und die vielleicht auch ihren Liebsten und noch ein paar Kollegen dieses Buch empfehlen oder am besten gleich kaufen – dann kann ich mir an irgendeinem Punkt bestimmt auch das Lottospielen sparen. Denken Sie mal drüber nach. Sie haben mein Glück in der Hand.

TIPPS

DIE BESTEN KLÜNGELORTE

Zum Klüngeln geht man ins Stadion der Fortuna in der Südstadt.

Südstadion

Ja klar, im Fußballstadion, einmal die Woche beim Spiel, da ist natürlich gut klüngeln. Zwischen Bratwurst und Kölsch ist immer Zeit für einen Handschlag. Aber das Müngersdorfer Stadion (Rheinenergiestadion) vom Effzeh ist zu groß. Da geht man lieber zu Kölns Underdog – der Fortuna – in ihr wundervolles Stadion mitten in der Südstadt. Wo Präsidenten-Legende Jean Löring einst den wundervollen Satz sagte, als er sich selbst kurzfristig als Trainer aufstellte: »Ich als Verein musste reagieren.«
• Vorgebirgsstraße 76, 50969 Köln
  www.rheinenergiestadion.de

Nippeser Wochenmarkt

Auf dem Wilhelmplatz mitten in Nippes, kann man jeden Tag auf den wunderbaren Markt gehen und vielleicht sogar das eine oder andere Schnäppchen machen, bis 14 Uhr. Das Wichtigste ist aber der alte Beton-Kiosk in der Mitte vom Platz: Da ist ein Café drin, in dem man herrliche Marktstullen kriegt und sich mit anderen Besuchern über alles austauschen kann. Da wird sicher auch unter der Nippeser Elternschaft geklüngelt.
• Wilhelmplatz, 50733 Köln

Galopprennbahn Weidenpesch

Das Schöne in Köln ist ja, dass die Wege alle so kurz sind. Auch wenn man denkt, man sei jetzt wirklich weit draußen, ist man spätestens in zehn Minuten wieder in der Innenstadt. So kann man sich immer mal wieder einen kleinen Ausflug zum Pferderennen gönnen, fünf Euro auf das Pferd mit dem schönsten Namen setzen und sich sehr mondän fühlen. Und dann zurück in die Stadt. Außer man hat noch was zu klüngeln, da wird man in Weidenpesch auf den Rängen sicher fündig.
• Rennbahnstraße 152, 50737 Köln

Der Rhein ist auf jeden Fall ein richtiger Fluss. Angst habe ich nicht mehr vor ihm, aber schwimmen muss ich trotzdem nicht in ihm.

4

Der Rhein – schon immer geliebt

Der Rhein ist kein Nebenarm eines Nebenarms. Auf ihm schwimmt schon mal ein Zirkus oder Moby Dick, Flammenspektakel gibt es auch.

»D'r Rhing erop – d'r Rhing eraf«*

Als Kind hatte ich irre Angst vor dem Rhein. Aus verschiedenen Gründen. Aber der Rhein schien eine Quelle permanenter Bedrohung zu sein. Meine Mutter hat mir erzählt, dass sie als Kinder alle im Rhein schwimmen gegangen sind, das war total normal.

Das fand ich noch ganz schön, diese Vorstellung von lauter Kindern, die sich an einem heißen Sommertag im Rhein abkühlen. Was das für ein Spaß gewesen sein muss. Na ja, geht so, stellte sich dann heraus. Denn meine Mutter erzählte mir weiter, dass dabei regelmäßig Menschen im Rhein ertrunken sind, weil der so Strudel hat, aus denen man nicht mehr rauskommt, wenn man einmal reingerät. Auch als erfahrener Schwimmer nicht. Und als Kind schon gleich dreimal nicht. Okay. Der Rhein verwandelte sich innerhalb nur einer Erzählung von einem lustigen Planschbecken zu einer sicheren Todesfalle. *Nice.* Ich konnte sowieso nicht schwimmen, aber hier würde ich es mit Sicherheit auch niemals versuchen wollen.

Chemieunfall bei Sandoz
Eine andere Quelle kindlicher Sorge war der Chemieunfall bei Sandoz. Da war damals, 1986, ich war gerade zehn Jahre alt, ein Chemiewerk bei Basel in Brand geraten, und infolgedessen sind eine Menge Chemikalien in den Rhein geraten. Dazu drei Fun Facts *(I put the »Fun« in »Chemiewerksbrand«)*:

1. Neben dem ganzen fiesen Zeug war auch eine Menge chemisch unbedenklicher roter Farbstoff in den Rhein gelangt, der den Fluss rot färbte: Das, was am gefährlichsten aussah, war also am ungefährlichsten.

2. Auf dem Wasser gab es auch ein Löschschiff, das helfen wollte, das Feuer zu bekämpfen. So ein Löschschiff, das pumpt ja das Wasser von da, wo es sich befindet, ab und benutzt das zum Löschen. Was die Crew

* »Den Rein rauf – den Rhein runter«

auf dem Schiff nicht wusste: Sie standen genau an der Stelle, an der das Abwasser der Fabrik in den Rhein gepumpt wurde. Somit spritzten sie im Grunde Brandbeschleuniger auf das Feuer.

3. In einem benachbarten Chemiewerk hatte man wohl gedacht, dass jetzt alle Aufmerksamkeit auf dem brennenden Nachbarn liegt. Dort nutzte man die Gunst der Stunde, um währenddessen den eigenen Chemikalienabfall heimlich in den Rhein zu kippen. Das ist schon ein ziemlich geniales Level an Skrupellosigkeit. Die Chemikalie konnte aber im Rheinwasser, das nach dem Unfall besonders beobachtet und kontrolliert wurde, nachgewiesen werden – es konnte zudem nur aus diesem Werk stammen. Skrupellos bestimmt, aber leider ebenso sagenhaft dämlich.

Jedenfalls war das das alles dominierende Thema in den Nachrichten danach. Mein Vater hatte sich damals jede Woche den »Spiegel« gekauft (also das Nachrichtenmagazin und nicht die Reflexionsscheibe – das wäre auch ein seltsamer wöchentlicher Kauf gewesen, außer er wäre Spiegelkabinett-Betreiber gewesen, was er, muss ich zu meinem Leidwesen gestehen, leider nicht war), und ich erinnere mich an das Titelbild mit dem giftgrünen Rhein. Man las und hörte überall von toten Fischen. Es schien wirklich kein Fluss mehr zu sein, sondern eine Giftkloake, bei der alles, was man reinhält, bis auf die Knochen weggeätzt wird (gut, da mag auch meine kindliche Vorstellungskraft mit mir durchgegangen sein). Das Verhältnis zur Sauberkeit des Rheins oder besser deren Abwesenheit war ja sowieso ambivalent in Köln.

Klar, man wusste immer, dass der Rhein eine Brühe ist, in die jeder alles ableitet, was er nicht mehr braucht.

Im legendären Gospel »Dat Wasser vun Kölle« von den Bläck Fööss aus dem Jahre 1983, in dem sie ironisch die angeblich hervorragende Wasserqualität Kölns besingen, heißt es sogar, dass man seine Fotos im Rhein entwickeln kann, weil sowieso alles an Chemikalien drin sei, die

Die heilige Ursula in der Damenstiftskirche St. Ursula – eine Märtyrerin, die keine Lust zum Heiraten hatte und auf dem Rhein und dann zu Fuß nach Rom reiste.

man für diesen Prozess benötige. So ist er eben, der Kölsche: Wenn's scheiße läuft, einfach mal ein schönes Lied drüber schreiben. Galgenhumor als Coping-Mechanismus.

Die heilige Ursula und ihre zehn Jungfrauen

Aber aller Verunreinigung zum Trotz, liebte der Kölsche schon immer seinen Rhein. Er hat ihm ja auch viel zu verdanken. Der Rhein war seit jeher ein sehr praktischer Handels- und Transportweg. Nehmen wir zum Beispiel die heilige Ursula. Die ist mit ihren zehn Jungfrauen auch erst über den Rhein nach Basel gefahren und von dort auf dem Landweg weiter nach Rom. Jetzt mag sich der eine oder die andere fragen, wer denn die heilige Ursula war. Kein Problem, dafür bin ich ja da:

Wenn man sich das Wappen der Stadt Köln anguckt, fallen zwei Sachen auf. Einmal die drei Kronen: Sicher, die Heiligen Drei Könige. Liegen im Dom, wissen wir ja, müssen mit aufs Wappen. Leuchtet ein. Aber was sollen diese elf Dinger darunter? Sehen aus wie elf Tränen, und als Ortsfremder, der aber durchaus mit den groben Grundzügen der Kultur der Stadt vertraut ist, kann man sich das so erklären, dass das die Tränen sind, die der Kölsche verdrückt, wenn Karneval vorbei ist. Deswegen die Elf. Wegen dem 11. 11., oder so. Passt ja, dass sich die Kölschen den Karneval auch ins Wappen packen. Und ganz ehrlich: Es wird nicht wenige Kölsche geben, die das glauben. Aber es ist ganz anders, es sind nämlich gar keine Tränen, die da in dem Wappen zu sehen sind, es sind Hermelinschwänze. Das sieht doch wohl jeder (»Sag mal, weinst duuuuuuu? Oder sind das die Hermelinschwänze, die von deiner Oberlippe perlen?« Ähm, ja, Entschuldigung, ich hab mich wieder beruhigt)!

Diese elf Hermelinschwänze stehen für Ursula und ihre zehn Begleiterinnen. Und die Legende geht in etwa so: Ursula war die Tochter des britischen Königs – das war damals noch der Herrscher der Bretagne. Und sie war legendär hübsch. Überall wurde herumerzählt, wie super sie aussieht. Sie war aber ebenfalls superscheu und sehr gottesfürchtig. Auf jeden Fall hat der Sohn des heidnischen Königs – der wiederum saß in England – Ursula irgendwann kennengelernt und ist total auf die abgefahren, weil er auch so ein *shy guy* war. Aber deswegen hat er sich nie so richtig getraut, sie nach einem Date zu fragen. Als er wieder zu Hause war, hat er seinem Vater erzählt, wie super er Ursula fände, und da hat sein Vater Nägel mit Köpfen gemacht und zu Ursulas Vater gesagt: »Pass auf, mein Sohn traut sich nicht zu fragen, aber der findet deine Tochter toll. Mein Sohn ist ein lieber Junge, und entweder heiraten die beiden oder ich mach dich platt.« Ursulas Vater wiederum hat sich so gedacht: Ach, das passt mir ganz gut in den Kram, dann hab ich das Mädchen wenigstens in gute Hände gegeben, der Junge scheint mir 'ne gute Partie zu sein, und ich hab eh keinen Bock auf Stress.

Aber Ursula hatte gar keine Lust zu heiraten, weil sie sich, fromm wie sie war, nur Gott und Jesus versprochen hatte und schon gar nicht irgendeinem dahergelaufenen Heiopei, der seinen Vater vorschickte, um um ihre Hand anzuhalten. Das fand Ursulas Vater natürlich megaätzend, aber was willste machen? In der Nacht aber erschien Ursula ein Engel, und der sagte zu ihr: »Mach mal, der ist okay, er müsste halt nur Christ sein.« Morgens stand sie dann auf und sagte zu ihrem Vater: »Okay, ich mach's, aber ich hab ein paar Bedingungen.« Und da war halt eine, dass ihr Zukünftiger sich zum Christ taufen lässt und dass sie vorher noch mal eine Pilgerfahrt nach Rom zum Papst macht. So eine Art extended Junggesellinnenabschied. Und die beiden alten Könige meinten: »Wenn's sonst nix ist? Easy.«

Der Rhein als Abkürzung nach Rom

Ursula stellte sich daraufhin eine Crew zusammen: fünf Jungfrauen aus ihrem Königreich und fünf aus dem ihres Zukünftigen. Das waren alles die Töchter der jeweils fünf Vasallen der beiden Könige. Und jede von denen sollte noch mal 1000 Mägde mitbringen. Damit auch ein bisschen was los ist und die Reise Spaß macht, klar. Und so sind diese 11 000 Frauen in ihre Boote gestiegen und über die Nordsee auf den Rhein und den dann flussaufwärts gefahren, um nach Rom zu kommen, weil sie den Papst sehen wollten, um sich seinen Segen abzuholen. Gut, auf dem Rhein kommt man nur schwer bis Rom. Sie sind dann bis Basel gefahren, und ab da ging es zu Fuß weiter. Hat ewig gedauert. Aber wie sie so in Rom ankamen, hat der Papst sie schon erwartet. Und ein bisschen rumgeführt und gesegnet. Schließlich sagten die Jungfrauen: »Du, Papst, war nett, aber wir müssen wieder los.« Worauf der Papst meinte: »Ey, ihr seid so 'ne crazy Truppe. Kann ich nicht mit? Ich komm so selten raus.« Und alle schrien »Yeah«, und nahmen ihn natürlich mit. Man kann das einem Papst wirklich nur schwer verwehren.

In der Zwischenzeit jedenfalls haben die Hunnen Köln überfallen und alles in Schutt und Asche gelegt. So waren die drauf. »Kaputt« ist auch ein Begriff aus dem Hunnischen, glaub ich, und bedeutet so viel wie »Sinn des Lebens«. Und als Ursula und ihre Crew in Köln ankamen, wurden sie gleich von den Hunnen angegriffen. Viele der 11 000 Frauen starben noch auf den Schiffen, im Pfeilhagel. Der Papst wurde mit einem Schwert erledigt, als er gerade an Land ging. Der Chef der Hunnen, Etzel, schnappte sich die schöne Ursula und sagte: »Pass auf, wenn du dich mir jetzt ergibst, bleibst du am Leben, und die, die noch nicht tot sind, vielleicht auch.«

Ursula erwiderte nur lapidar:
»Du kannst mich mal, du Frittekopp.«

Etzel war natürlich megasauer, er schoss ihr einen Pfeil ins Herz, und Ursula kam endlich zu ihrer großen Liebe: Gott.

Elf Hermelinschwänze im Stadtwappen

Diese Legende hat noch ein paar Variationen in den Schlüsselmomenten. Mal sind es 1000 Mägde pro Jungfrau, mal 999, vermutlich, damit auch die Korinthenkacker unter den Legenden-Zuhörern zufrieden sind und nicht andauernd: »Ähm, genau genommen waren da aber dann 11 011 Jungfrauen unterwegs« reinrufen. Es gibt auch Versionen, da sind sie wirklich nur zu elft unterwegs. Dafür kommen dann am Ende 11 000 Soldaten oder Engel oder Engelssoldaten aus dem Himmel, die die Hunnen nach der Ermordung Ursulas in die Flucht treiben oder wahlweise richten. Aber diese Details sind alle nicht wichtig. Wichtig sind die elf Jungfrauen aus gutem Hause, aus königlichem Hause. Und deswegen die elf Hermelinschwänze im Kölschen Wappen. Diese Story soll sich im Jahre 383 zugespielt haben. Da sieht man mal, wie wichtig der Rhein damals schon war. Als Abkürzung nach Rom.

Das Stapelrecht und die »Kölner Ware«

1259 bekam Köln vom Erzbischof das Stapelrecht zugesprochen, und damit ging's noch mal richtig ab. Das Stapelrecht sah vor, dass man, wenn man an einer Stadt mit Stapelrecht vorbeifuhr, alle Waren, die man dabeihatte, dort drei Tage lang zum Verkauf anbieten musste. Und der Rhein war eine Haupttransportstraße. Da kann man sich vorstellen, was dort los war. Das hat enorm Sinn gemacht, zumindest für die Kölner. So ein Stapelrecht in, sagen wir mal, Darmstadt wäre echt Perlen vor die Säue gewesen, weil in Darmstadt nicht mal ein Fluss durchfließt.

Die Kölschen wussten das selbstverständlich für sich zu nutzen, wie alle Städte, die das Stapelrecht bekommen hatten, und sie sicherten sich immer gleich die besten Waren, bevor sie die Händler weiterziehen ließen. Auch ein bisschen assi, eigentlich. Das hatte dann dafür gesorgt, dass die sowieso schon reichen Händler noch reicher wurden, deutlich reicher. Und es hat Köln natürlich noch um ein Vielfaches attraktiver gemacht. Die Waren, die in der Stadt ankamen, wurden überprüft.

Waren sie gut genug, durften sie weiter in den Handel. Waren sie, zumindest in den Augen der Prüfer, schlecht, wurden sie gleich in den
Rhein gekippt. Hat sicher damals schon dazu beigetragen, dass der Fluss
vor Köln eine ganz einmalige Wasserqualität hatte – nämlich einmalig
schlecht. Geil auch, dass die Sachen, die die Kölschen nicht brauchten,
die aber auch der Qualitätskontrolle standhielten, neu verpackt wurden
und ein Siegel erhielten. Die »Kölner Ware« war um diese Zeit deswegen
ein echtes Qualitätsmerkmal. Obwohl es nur der »gute« Ausschuss war.
Abgeschafft wurde das Stapelrecht übrigens überraschend spät. Erst im
19. Jahrhundert. Da hatte es sich erst mal aus-KATSCHINGT für die
Stadtkassen. Zumindest was den Warenhandel betraf.

Riesennummer Moby Dick

Ach, der Rhein. So schön, wie er einfach eine große Kurve durch Köln
macht. Die tollen, unterschiedlichen Brücken – natürlich haben die
Bläck Fööss auch hierüber ein Lied gemacht, »Kölsche Bröck«, das ja,
im Ernst, aus Sicht einer Brücke geschrieben ist – sind ein wichtiger
Bestandteil des kölschen Panoramas. Und kaum ein Kind, das mal am
Rhein entlanggelaufen ist, wird nicht davon geträumt haben, mit einem
dieser Ausflugsboote über den Rhein zu fahren. Boote der Schiffsgesell-
schaft KD. Das steht für, Achtung, »Köln-Düsseldorfer«. Ja! Das gibt es!

*Der Rhein als Grund von Völkerverständigung,
ist das nicht schön? Da muss man den doch
einfach lieben.*

Und ich wollte selbstverständlich auch immer mit so einem Schiff
fahren. Mein Vater ist mit mir einmal zum Drachenfels in einem Boot
der KD gefahren. Das war super. Da habe ich meinen ersten Lachsack
geschenkt bekommen. Es gab und gibt auch ein spezielles Ausflugsboot
auf dem Rhein, das zu sehen immer etwas Besonderes ist: die Moby
Dick aus Bonn, angemalt wie ein Wal, durch dessen Zähne man rausgu-
cken kann. Benannt wurde das Schiff übrigens nach einem Weißwal, der

sich tatsächlich in den Rhein verirrt hatte und der bis Bonn hoch-
geschwommen war. 1966 war das,
eine Riesennummer. Ungefähr
einen Monat lang war »Moby
Dick« das Thema überhaupt am
Rhein. Jeder wollte ihn sehen.
Der Wal selber hatte irgendwann
die Schnauze voll, drehte um und
schwamm zurück ins Meer. Mein
liebster Part an der ganzen Story ist aber der erste Schiffer, der
den Wal gesehen und der Was-
serschutzpolizei gemeldet hat. In
Duisburg. Der musste erst einmal
blasen, weil die gedacht haben, er
habe ein bisschen zu tief in die
Flasche geguckt.

Ein Schauspiel der Extraklasse, bei dem
kein Plätzchen am Rheinufer frei bleibt:
»Kölner Lichter«, ein Feuerwerk zu Musik.

Ein Fluss in Flammen

Mit dem »Rhein in Flammen« gibt es ein Feuerwerk, das man auf dem
Rhein von Booten aus gucken kann – aber alles südlich von Köln, mehr
Richtung Bonn, Koblenz, Lorelei. Manche der Abschnitte, auf denen es
einmal im Jahr ein Feuerwerk zu sehen gibt, machen das schon seit den
50er-Jahren. Und irgendwann haben die Kölner (beziehungsweise ein
Veranstalter aus Leverkusen) gesagt: »Sind wir eigentlich blöd? Wieso
machen wir das nicht auch? Aber in Köln.« Und seitdem gibt es die
»Kölner Lichter«, ein Feuerwerk, das synchron zu Musik veranstaltet
wird. Seit 2001 gibt es das, ein Zuschauermagnet der Extraklasse. Kaum
ein Plätzchen am Rheinufer ist frei an diesem Tag. Überall sitzen, cam-
pen, feiern die Leute und gucken stundenlang auf ihren geliebten Rhein,
nur um das Ende des Tages mit einem aufwendigen Feuerwerk zu feiern. Das ist eine ganz spezielle Stimmung. Aber Vorsicht: Nicht dass
die Stadt da anfängt, jeden freien Platz für Tribünen zur Verfügung zu

stellen, wie sie es beim Rosenmontag schon so falsch gemacht hat (siehe das Karneval-Kapitel).

Kein Nebenarm eines Nebenarms

Der Rhein ist auf jeden Fall ein Fluss. Ein richtiger Fluss. Nicht so eine Isar, die sich immer halb ausgetrocknet durch die Stadt quält. Lieb gemeint, München, aber sprechen wir hier doch lieber von einem Flüsschen, ja? Auch Berlin mit der Spree, der Wille ist da, sehen wir, aber da tauchen keine Fluss-Gefühle auf. Die Spree ist der größte deutsche Fluss dritter Ordnung. Bis kurz vor Schluss ist der Satz noch beeindruckend, aber die letzten beiden Worte bedeuten übersetzt: Nebenarm eines Nebenarms. Und, sorry, so kommt sie auch rüber, die olle Spree. Nee, nee, Leute, einen Fluss in der Stadt zu haben, das bedeutet schon was anderes. Das ist der Rhein. Da fahren Ausflugsboote, Privatboote, Kreuzfahrt- und Hotelschiffe und jede Menge Frachtschiffe rum. Da ist richtig was los. Es gab 1871 sogar einen Zirkus auf dem Rhein. Der »Schwimmende Rheinzirkus« war gebaut wie ein Mississippi-Raddampfer und konnte bis zu 2000 Zuschauer fassen. Der amerikanische Betreiber gestaltete ihn nach dem Vorbild der Sideshows in seinem Heimatland. Also ein bisschen klassischer Zirkus mit Akrobaten und so und dem, was früher »Freak Shows« genannt wurde und menschenverachtende Zurschaustellung von Leuten war, die anders aussahen als die Masse. Inhaltlich demnach Dreck, aber technisch imposant. Zumindest bis zu dem Tag, als eine hölzerne Galerie im Schiff zusammenbrach und der Betreiber viele Verletzte entschädigen musste. Das war die Insolvenz. Der Zirkus lief gegen Ende sowieso nicht mehr sonderlich gut. Da war das nur der unvermeidliche Todesstoß. Dennoch: Ein Zirkus auf dem Rhein. Nicht unbeeindruckend.

Neulich hab ich in einer Doku sogar jemanden ein Glas frisches Rheinwasser trinken sehen. Nun, das geht vielleicht etwas zu weit. Aber der Mann scheint die Doku überlebt zu haben. Ich kann mit Fug und Recht behaupten, keine Angst mehr vor dem Rhein zu haben. Drin schwimmen muss ich aber trotzdem nicht. Aber vielleicht nur deswegen, weil ich sowieso nicht schwimmen kann. Immer noch nicht. Kann ich halt auch in keinen Strudel geraten.

Was und wo?

Schiffstour auf dem Rhein

Voller Bauch studiert nicht gern, und so spaziert man nach dem Essen gemütlich zum Rhein runter. Kleiner Verdauungsspaziergang. Wie wär's dann noch mit einer Verdauungsfahrt? Buchen Sie ein Ticket bei der Köln-Düsseldorfer für eine Abendfahrt auf dem Rhein am besten vor, dann legen Sie um 20:00 Uhr mit dem Schiff ab und genießen mit einem Aperol Spritz, wie die Dämmerung über Köln langsam die Lichter überall angehen lässt. Kitschig? Mit Sicherheit. Schön? Aber hallo. Allein der abendliche Dom ist so schön anzusehen. Ein Träumchen.

• Abfahrt am KD Anlegestelle Köln-Altstadtufer

www.k-d.com/de/schiffstouren/koeln

Kölner Lichter

Das Feuerwerk, das im Juli immer synchron zu Musik stattfindet, gibt es seit 2001 und ist ein Zuschauermagnet der Extraklasse. Ab 23:30 Uhr findet man zwischen Hohenzollern- und Zoobrücke kaum mehr ein Plätzchen am Rheinufer: überall Leute, die den ganzen Tag ihren geliebten Rhein betrachtet haben, nur um das Ende des Tages mit einem aufwendigen Feuerwerk zu feiern. Ganz spezielle Stimmung!

• Anfahrt am besten mit öffentlichen Verkehrsmitteln bis Haltestelle Ebertplatz

www.koelner-lichter.de

Sollte man sich nicht entgehen lassen, eine Schiffstour auf dem Rhein mit einem Aperol Spritz – schön und kitschig.

Typisch Rheinländer, immer für spontane Späßchen aufgelegt –
hier auf der Aachener Straße im Belgischen Viertel.

5

Die gute Laune der Kölschen

Kennen Kölner:innen wegen ihrer
Selbstverliebtheit kein Unglück?
Oder haben sie einfach eine geniale
Sichtweise aufs Leben?

»Nix es esu schläch, dat et nit och för irjendjet jot es«*

Ganz ehrlich? Gründe für schlechte Laune gibt es mehr als genug: Das Wetter ist schlecht, die Chefin nervt, man kommt nicht aus dem Bett, der Ex geht einem auf die Nerven, das Finanzamt geht einem auf die Nerven, oder der Ex arbeitet jetzt beim Finanzamt und nervt, weil man bei dem schlechten Wetter nicht aus dem Bett kommen will, um sich mit ihm und der eigenen Chefin zu treffen.

Und das ist nur die Spitze des Eisbergs. Es nervt, wenn einem in der Bahn der Nachbar in den Nacken hustet, aber wenn man mit dem Auto fährt, steht man auch nur im Stau. Im Fernsehen läuft nur Stuss, aber von den letzten sieben Büchern, die man angefangen hat, wollte man auch keines weiterlesen. Und überhaupt: alles doof. Alles nervt.

Jede und jeder kann das nachvollziehen. Manchmal kommt alles zusammen, oder wenn es schon nicht zusammenkommt, so bildet man sich wenigstens ein, dass alles, was schiefläuft, nur deswegen schiefläuft, weil eben immer alles zusammenkommt. Man zieht das Unglück dann an – oder sieht zumindest in allem, was passiert, einen Beweis dafür. Wir waren alle an diesem Punkt, wir kennen das alle, wir wollen da alle nie mehr hin, und trotzdem passiert es uns immer wieder. Normal.

Warum kriegt man das bei Kölner:innen nur so selten mit? Böse Zungen denken, dass Kölner:innen zu selbstverliebt wären, um Unglück zu erkennen. Aber stimmt das auch? Ist es wirklich so schlimm? Oder haben die Kölschen da nicht eher eine absolut geniale Sichtweise auf das Leben erlernt, die dafür sorgt, dass nicht immer alles gleich der absolute Super-GAU ist? Nun, Sie werden die Antwort schon vermutlich erahnen. Aber gehen wir das Ganze doch mal in Ruhe durch.

---

* »Nichts ist so schlecht, als dass es nicht auch für irgendwas gut ist«

Das kölsche Grundgesetz

Zwei Paragrafen des kölschen Grundgesetzes sind hier entscheidend: »Et kütt wie et kütt« und »Et hätt noch immer jot jejange«. Diese beiden Gesetze gehören zusammen wie Pech und Schwefel, man kann das Eine nicht ohne das Andere denken. Weil: Wenn et kütt, wie et kütt, dann kann das ja auch sehr, sehr schlimm sein und kommen. Wenn ich jetzt am Fuße eines Bergs stehe – gut, in Köln gibt es nicht so viele, nehmen wir mal den kölschen Mont Klamott, den Herkulesberg. Es ist also Winter, und ich stehe da so am Fuße des Mont Klamott. Was ich da mache? Ja, keine Ahnung, da ist man nicht so oft. Außer man wohnt dort, aber zufällig verirrt sich da niemand hin. Da muss man hinwollen. Sagen wir mal so: Ich hab eines Wintermorgens beschlossen, den verschneiten Grüngürtel entlang zu spazieren. Und da lauf ich so und denke so nach und laufe und laufe und achte nicht mehr so genau, wo ich hinlaufe. So. Und plötzlich steh ich am Fuße des Herkulesbergs. Und wie ich da so stehe, da denk ich mir: Gut, schön ist was anderes. Geh ich lieber wieder nach Hause. Aber so einfach ist es nicht. Denn plötzlich höre ich ein Grummeln. Ein Rumpeln. Ein wirklich bedrohliches Geräusch. Und wie ich da so zum Gipfel des Herkulesbergs gucke, sehe ich: Da hat sich eine Lawine gelöst. Oje! Eine Lawine kommt auf mich zu!

Und das wäre jetzt eine Situation, in der ich sagen würde, »et kütt wie et kütt«, aber et kütt halt scheiße in diesem Moment.

Zum Glück folgt dann aber der nächste Paragraf im Grundgesetz: »Et hätt noch immer jot jejange.« Wir müssen also ein gewisses Gottvertrauen an den Tag legen oder eine Schicksalsergebenheit, je nach Sichtweise. Aber am Ende wird alles gut. Da gibt es doch auch diesen Spruch: »Am Ende wird alles gut, und wenn nicht alles gut ist, ist es noch nicht das Ende.« Ich stehe also, zur Salzsäule erstarrt, am Fuße des Mont Klamott, und die Lawine rollt auf mich zu. In meinen Augen spiegeln sich die Schneemassen, die den Berg herunterwalzen. Aber, wir erinnern uns, et hätt noch immer jot jejange. Denn der Herkulesberg ist einfach nicht sonderlich hoch und der Schnee, der da runterkommt, bedeckt gerade mal meine Schuhe. Die kölsche Art hat mich also gerettet. Na ja, und der zu kleine Berg.

Und die kölsche Sicht aufs Leben hat mich davor bewahrt, falsche oder voreilige Schlüsse zu ziehen. Das ist eine Sicht der Dinge, die Kölner:innen geradezu perfektioniert haben. Wenn jetzt ein Münchner am Berg steht und hört jemanden »Lawine« rufen, da ist der aber ruckzuck über alle Berge, im wahrsten Sinne des Wortes. Sicher, in Bayern sind die Berge auch höher, und da ist man wirklich gut beraten, Lawinen aus dem Weg zu gehen. Aber wollen wir an dieser Stelle mal nicht kleinlich sein.

Brauhäuser und Effzeh-Gespräche

Nun war das ein Beispiel mit einer gewissen Dramatik. Das erklärt aber noch nicht so richtig die gute Laune. Aber es ist ein hilfreicher Schritt dorthin: Denn wenn et kütt wie et kütt, muss ich mir auch selten allzu große Sorgen machen, und wenn ich mir keine allzu großen Sorgen machen muss, kann ich meine Zeit auch damit verbringen, mich des Lebens zu erfreuen. Und da haben Kölner:innen wie immer einen speziellen Trick gefunden: Sie spiegeln schlechte Laune. Das geht so:

Wenn man in Köln Hunger hat, geht man am besten ins Brauhaus. Da kann man natürlich auch hingehen, wenn man Durst hat, aber wenn man da auch essen geht, wirkt man gleich viel weltläufiger. Für die Leute, die nur ein schnelles Kölsch zischen wollen, haben Brauhäuser oft den Vorderraum. Da steht man auf gefliestem Boden, hat eine Rinne, in der man sein Glas abstellen kann, und kommt mit seinem Nachbarn ins Gespräch, was der Effzeh denn da gestern schon wieder für einen Driss zusammengespielt hat oder wie stark der Effzeh dieses Jahr wieder sei und dass dieses Mal auf jeden Fall Champions League drin sei – diese beiden Meinungen stehen völlig legitim bei Effzeh-Gesprächen nebeneinander. Klar. Aber da trinkt man schnell aus, trinkt vielleicht noch zwei bis acht Kölsch, aber dann »geht man wirklich mal nach Hause«, nicht ohne noch ein schnelles für den Heimweg zu trinken.

Große Sorgen macht man sich in Kölner Kneipen nicht, denn es kommt ja sowieso, wie es kommt, oder etwa nicht?

Wichtiger für unsere Beweisführung ist aber der Teil im Brauhaus, in dem man sitzen darf. Die Qualität kölscher Brauhäuser schwankt gewaltig. Aber nicht nur in Echt, sondern auch gefühlt. Jeder, der in Köln lebt und was auf sich hält, hat ein Lieblingsbrauhaus und findet alle anderen schlecht, läppsch, billig, ungenießbar.

Das vielseitige »läppsch«

Moment, wo wir gerade dabei sind, kurzer Exkurs zu einer der wichtigsten kölschen Vokabeln: läppsch. Läppsch ist ein herrliches Wort. Läppsch ist vielfältig einsetzbar, manchmal sogar an Stellen, bei denen dann niemand weiß, wieso es dort auftaucht. Es ist ein Wort, dass den Kölner:innen sehr leicht über die Lippen kommt. Und Wörter, die einem leicht über die Lippen kommen, sind magisch. Mein Bruder ist Programmierer, und als wir eines Abends in geselliger Runde zusammensaßen und sich die nicht-kölsche Person am Tisch gewundert hat, was wir mit läppsch denn nun eigentlich meinen würden, formulierte mein Bruder die herrliche Weisheit, wie sie nur analytisch denkende Menschen wie Programmierer formulieren können: »Läppsch ist ein kontextsensitives Adjektiv.«

Das macht es auf jeden Fall gleich noch tausendmal geiler. Dass man diesen Begriff, den man wirklich schon ab der Grundschule verwendet, so hochgestochen formuliert beschreiben kann, erfüllt Menschen mit einer Art Eltern-Stolz. Vor allem weil man ja immer das ungute Gefühl hat, da ein Wort sehr flexibel einzusetzen. Aber wenn einer einen dafür kritisieren würde, muss man nur sagen: »Das verstehst du einfach nicht. Das ist ein kontextsensitives Adjektiv!« und der alte Meckerkopp ist ruhiggestellt. Was soll man darauf auch antworten?

Gut, wie aber setzt man »läppsch« nun ein? Versuchen wir ein paar Beispiele:

1. »Boah, ist der läppsch ...!«

Klar, erst mal die naheliegendste Bedeutung. Läppsch im Sinne von »läppisch«, das so sicher auch schon mal in der Lüneburger Heide verwendet wurde. Hier bedeutet es, dass jemand sehr uncool ist, weit hinter den Erwartungen liegt, sich aufführt, allgemein kein guter Typ ist. Jemanden läppsch zu nennen, ist niemals aufgeregt. Fast schon eher resigniert. Deswegen sind Politiker auch gerne mal läppsch.

2. »Wie läppsch ist er denn ...?«

Hm, scheint die gleiche Bedeutung wie vorher zu sein, ist aber nicht so. In dieser rhetorischen Fragestellung steckt gleich viel mehr Aufregung. Das ist fast schon erbost. Das leitet sich vermutlich daraus ab, dass der Kölsche an sich alles weiß oder zumindest auf alles eine Antwort zu haben glaubt. Wenn der sich also schon bemüßigt fühlt, über jemanden eine Frage stellen zu müssen – dann weiß man, dass die Hütte brennt.

3. »Du bist so läppsch ...!«

Das ist eine zärtliche Liebesbekundung, wenn der Kölsche sehr gerührt ist. Weil er zum Beispiel zum Geburtstag von seinem besten Freund einen Dom aus Reibekuchen bekommen hat oder so. Oder einfach 100 Euro, keine Ahnung, über was sich unser imaginärer Kölscher so freut, aber irgendwas wird schon dabei sein. Dann sagt er das auf jeden Fall, weil er seine Rührung nicht zeigen müssen will, aber schon rüberbringen möchte.

4. »Die war so läppsch ... super!«

Klar, das kann auch bewundernd gemeint sein. Wenn man jemanden erlebt, der oder die sich nichts gefallen lässt. Das ist etwas, das dem kölschen Menschen höchsten Respekt abverlangt. Und da ist das die größte Form der Respektbekundung.

Es gibt noch weitere Verwendungen des Wortes, aber das sollen mal die gängigsten Beispiele gewesen sein. Als Faustregel gilt vermutlich: Wenn man nach Worten ringt, wenn man unbedingt etwas sagen will, man aber nicht genau weiß, wie man es ausdrücken soll, dann ist man im Rheinland immer gut beraten, es läppsch zu nennen. Irgendwer wird's schon so verstehen, wie es gemeint ist. Das ist sie eben: Die Magie eines kontextsensitiven Adjektivs.

Wo waren wir? Ach ja, bei den Brauhäusern

Also: Man geht in sein Lieblingsbrauhaus, um lecker essen zu gehen. Die Karte ähnelt sich überall, die wichtigsten Gerichte sind »Himmel un Ääd«, »Rheinischer Sauerbraten« und »Halve Hahn«. Das eine Gericht, dass das Tier im Namen hat, ist übrigens das vegetarische (»Halve Hahn« ist ein Brötchen mit einer daumendicken Scheibe Gouda, gerne noch mit Senf und Zwiebeln dabei). Wenn man dienstags essen geht, kann man meistens frischen Reibekuchen bestellen (mit Apfelmus natürlich ... lecker!), wenn man freitags essen geht, kriegt man Fisch aufgedrängt. Dazu trinkt man frisches Kölsch vom Fass. Und trifft dabei auf eine kölsche Legende: den Köbes.

Der Köbes ist in Kölner Kneipen eine Legende – diese Kellner gehen Gäste gern läppsch an; hier im Brauhaus Gaffel am Dom.

Köbes wird in Brauhäusern in Köln der Kellner genannt. Meistens haben die eine blaue Schürze um, früher hatten die wohl auch noch ein passendes Mützchen auf, aber das ist heute nicht mehr der Fall. Was aber noch der Fall ist, ist die legendäre schlechte Laune des Köbes.

Köbesse haben keine Zeit, und Gäste sind für Köbesse Hindernisse auf dem Weg zum Feierabend.

So zumindest die Legende. Die besagt ja auch, dass die schlechte Laune der Köbesse daherkommt, dass sie eigentlich gar keine Kellner sind, sondern Brauereigehilfen, und sie das Kölsch nur im alleräußersten Notfall servieren, wenn es wirklich, wirklich nicht anders geht. Heutige Köbesse sind allerdings meistens Fulltime-Kellner. Geblieben ist nur die Berufsbezeichnung, die Arbeitskleidung und – am wichtigsten – die schlechte Laune. Warum ist die aber nun so wichtig?

Ich hab schon Touristen im Brauhäusern gesehen, die eine riesige Freude daran hatten, ein bisschen läppsch angegangen zu werden. Das kann ja ganz witzig sein. Man darf es nur nicht übertreiben, wie zum Beispiel dieser eine Plattenladen in Berlin, der über die Stadtgrenzen hinaus dafür bekannt ist, einen Betreiber zu haben, der sich weigert, manchen Menschen überhaupt eine Platte zu verkaufen.

Die demonstrativ schlechte Laune des Köbes hingegen ist etwas, das zelebriert werden will. Wenn man das nicht kennt, kann das mit Sicherheit einschüchternd wirken. Aber der Kölsche kennt das, der Kölsche braucht das und der Kölsche will das. Die Kölner:innen sind ja nicht so fimschig, wenn es darum geht, ins Brauhaus zu gehen. Man schämt sich in der Stadt nicht für die Eigenheiten der Stadt. Das ist nämlich keineswegs nur Touri-Folklore, sondern gehört zum kölschen Lebensgefühl dazu. Und klar, es gibt mittlerweile auch mehr als genug Köbesse, die schon freundlich sind. Das ist okay. Wir wollen mal nicht so sein. Man muss auch jönne könne.

Der Köbes und seine Phasen

Alle Jubeljahre trifft man den einen Köbes, der seinen Beruf, seinen Ruf und die Historie seines Berufs ernst nimmt. Der einem bei jeder Bestellung noch irgendeinen Spruch drückt. Der so tut, als würde er einen nicht ernst nehmen. Der auch die ganze Zeit keine Zeit hat. Von Tisch zu Tisch hetzt, nur um dort auch so zu tun, als wenn er keine Zeit hätte. Und da geht dem Kölschen das Herz auf. Denn da passieren verschiedene Dinge:

1. Die Phase des Verständnisses
Als Erstes findet eine Art Identifikation mit dem Köbes statt. Die arme Sau muss hier den ganzen Tag rumrennen, den Leuten alles

hinterherschleppen, der läuft sich die Hacken wund. Da muss der ja nicht auch noch gute Laune haben. Los, Köbes, benutz mich als deinen Blitzableiter. Recht hast du! Das geht aber nahtlos über in ...

2. Die Phase des Überzeugens

Ich kann den Köbes verstehen, ich fühle mit ihm, und deswegen kann ich ihn auch dazu bringen, sich besser zu fühlen. Und damit beginnt eine Art Flirt, wie sie nur Köbesse und ihre kölschen Kunden kennen. Als Kunde spricht man gleich doppelt so kölsch wie sonst, und wenn die Essensbestellung so weit ist, ist man picobello vorbereitet. Gut, dabei übersieht man ab und zu, dass es vielleicht noch bessere Sachen auf der Karte gäbe, aber darum geht es nicht. Satt wird man sowieso. Das hier ist wichtiger. Das ist die Verbrüderung.

3. Die Phase der Verbrüderung

Der Köbes kennt und erkennt, was los ist. Und kommt auch noch der ein oder andere Spruch, so ändert sich seine Stimmung und vor allem Zugewandtheit doch merklich. Denn wir verstehen uns. Wir sind Blitzableiter für die schlechte Laune des Köbes und gleichzeitig können wir genießen, dass er für uns schlecht gelaunt ist. Ist das nicht genial? In der Regel geben wir dem Köbes dann gegen Ende des Abends auch noch ein Kölsch aus, dass er dann in einem Zug mit uns am Tisch austrinkt. Denn Zeit hat er natürlich immer noch nicht.

Und damit schließen wir wieder den Kreis zum eigentlichen Thema, denn: Wenn jemand, in diesem Fall der Köbes, für uns schlechte Laune hat, dann müssen wir ja selber keine haben. So haben Kölner:innen die schlechte Laune nicht nur ausgelagert, sondern auch noch zu einem kleinen Rollenspiel gemacht, dessen Regeln nur sie kennen und das sie deswegen auch immer gewinnen. Das ist eine der vielen kölschen Methoden, um gut gelaunt durchs Leben zu gehen.

Safe Space auf dem Wochenmarkt

Nun kann nicht jede:r Kölner:in immer ins Brauhaus gehen, nur um die Stimmung aufzuhellen. Es braucht also alltagstauglichere Methoden.

Wenn man kölschen Leuten zuhört, die sich zufällig auf der Straße treffen, könnte man meinen, ihr Leben sei die absolute Hölle. Da wird sich über die größten Kleinigkeiten aufgeregt, da wird erzählt, wer schon wieder was angestellt hat. Wir haben ja schon festgestellt, dass der Kölsche einen gewissen Hang zum Drama hat.

Wie kann das also sein, dass Kölner:innen von sich behaupten, glücklich und gut drauf zu sein, wenn wir sie immer nur über alles jammern hören?

Ja, wird da der Rheinländer sagen, aber er verstehe gar nicht, wo da der Widerspruch sei. Gerade das gemeinsame Ärgern, dieses herzerfrischende Dampfablassen, das ist es doch, was eigentlich für die gute Laune sorgt. Die Menschen in Berlin, die den ganzen Tag in ihrer Wohnung ihre vergilbten Gardinen anmotzen, die bleiben natürlich schlecht drauf, aber die Kölschen, die wissen genau, was sie aneinander haben. Und so wird in solchen Gesprächen mitunter Wissen vorausgesetzt, dass der andere gar nicht haben kann. Aber man hat sich drauf geeinigt, immer so zu tun, als ob. Und auch hier werden »Ich sag jedem immer ehrlich meine Meinung«-Fanatiker eine gewisse Oberflächlichkeit mokieren, und sie haben damit vielleicht auch gar nicht so Unrecht – aber das ist trotzdem zu kurz gedacht. Denn in ihrer Welt ist »Oberflächlichkeit« ein Schimpfwort, aber in Wirklichkeit kann die ja auch ganz praktisch sein.

Wenn jetzt also die Frau Meier die Frau Müller auf der Straße beim Wochenmarkt trifft und zu ihr sagt: »Ach schön, Sie zu sehen. Haben Sie schon gehört: Die Melanie lässt sich jetzt scheiden!«, dann würde in jeder anderen Stadt die Frau Müller sagen: »Wer ist denn Melanie?«, weil sie die gar nicht kennt und noch nie von irgendeiner Melanie gehört hat. In Köln aber sagt Frau Müller natürlich das einzig Richtige: »Was? Das ist ja ein dolles Ding! Die Melanie!«

Denn: Für dieses Gespräch ist es völlig irrelevant, wer die Melanie ist. Irgendwer wird es schon sein. Die Frau Meier hat sich die Melanie ja nicht ausgedacht. Und sie macht offensichtlich eine schwere Zeit durch, die Melanie, denn sie trennt sich von ihrem Ehepartner oder ihrer Ehepartnerin. Und die Frau Meier scheint das zu beschäftigen. Da haben wir als Zuhörende doch schon alle Koordinaten, die wir brauchen, um ein empathisches Gespräch zu führen. Wozu brauchen wir da Zusatzinformationen? Wenn wir fragen, wer Melanie ist, dann sagt uns die Frau Meier vielleicht so was wie: »Na, die Melanie! Die Tochter von dem alten Schmitz! Der die Werkstatt hat, in Frechen!«

Ganz ehrlich: Was haben wir von dieser Information? Nichts. Wir haben nur Frau Meier aus ihrer Geschichte geholt, die sie offenbar sehr wichtig findet. Und sind genauso schlau wie vorher. Da Melanie nicht anwesend ist und es vermutlich auch nicht so schnell sein wird (die hat ja gerade erst mal ganz andere Sorgen), können wir uns darauf konzentrieren, diese Begegnung so angenehm wie möglich für Frau Meier zu machen. Weil wir empathisch sind, weil wir aufeinander aufpassen. Und das bedeutet: Dieses Gespräch muss so sicher wie möglich für Frau Meier sein.

Heutzutage sagt man dazu »Safe Space«. Dieses Gespräch ist Frau Meiers Safe Space. Wir sind empört, wenn sie empört ist, wir lachen, wenn sie lacht, und wenn sie traurig wird, dann bemitleiden wir sie ganz arg. So geht ein gutes Schwätzchen. Am Ende bleibt eigentlich nur noch gute Laune übrig. Und Frau Meier und Frau Müller wünschen sich einen schönen Tag, bestellen schöne Grüße an die Ehemänner und kaufen weiter auf dem Markt ein.

Wie kann man jetzt von diesem Wissen profitieren?

Probieren Sie es aus: Seien Sie gut gelaunt bei Dingen, die Ihnen total auf die Nerven gehen. Wechseln Sie die Perspektive. Die Ampel ist rot? Die Stadt schenkt Ihnen eine Pause! Die Bahn ist überfüllt? Anderen

Mit dem Brauhaus Päffgen im Rücken kann man ja nur gute Laune haben.

fährt sie gerade vor der Nase weg. Ihr Partner schnarcht? Dafür liegt er neben Ihnen.

Nennen Sie das nicht positives Denken, das klingt so esoterisch, nach New Age aus den 80ern. Nennen Sie es »kölsches Denken«, das macht die Sache gleich viel interessanter. Denn wenn Sie die Hälfte der Dinge, über die Sie sich gerade ärgern wollten, genauer betrachten, werden Sie feststellen, dass es total lächerlich wäre, dafür Energie zu verschwenden. Kölsches Denken! Seien Sie freundlich. Grüßen Sie, auch den Busfahrer. Nicht überschwänglich, aber hörbar. Es wird Ihre Stadt und Ihr Leben verändern. Mit Sicherheit.

Ein großes Herz habe ich für das Brauhaus FRÜH am Dom mit seiner großen Terrasse.

TIPPS

KÖLNER BRAUHÄUSER

Mit dieser Liste handele ich mir safe Ärger in Köln ein, weil jede und jeder ein anderes Lieblingsbrauhaus hat und ich sicher den ein oder anderen Geheimtipp vergessen hab oder gar nicht kenne. Aber ich nehme einfach mal die gängigsten und sage, was sie so können. Aber mit der ausdrücklichen Empfehlung, selber noch mal mit offenen Augen loszuziehen und zu gucken, ob Sie nicht noch eines entdecken, das hier nicht genannt wurde, aber total super ist. Denn Brauhäuser: Das kann diese Stadt.

Gaffel am Dom

Das ist ein sogenannter *No Brainer*. Gaffel ist eines der größten Kölsche und das Brauhaus auch eines der größten in Köln. So manche:r Kölner:in wird es als

Touri-Falle abtun, weil es direkt vis-à-vis vom Hauptbahnhof ist und deswegen natürlich viele Touristen anzieht, aber ganz ehrlich: Ich geh da ab und zu gerne rein. Ich finde es für seine Größe erstaunlich gemütlich, frisch vom Fass ist auch Gaffel sehr lecker, und die Küche ist völlig in Ordnung.

• Bahnhofsvorplatz 1, 50667 Köln
www.gaffelamdom.de

FRÜH am Dom

Ich habe ein großes Herz für Früh Kölsch, ich weiß nicht genau, wieso, aber ich mag es einfach. Ich finde die ganze Marke schön, die hatten immer die lustigste Werbekampagne von allen, es schmeckt wunderbar, und das Brauhaus ist schön verwinkelt mit sehr unterschiedlichen Sitzbereichen. Gut, da kann man auch mal auf einem blöden Platz landen oder in einem ungemütlicheren Raum, aber dafür ist das Bier lecker, der Köbes schnell und das Essen schmeckt auch.

• Am Hof 12–18, 50667 Köln
www.frueh-am-dom.de

Brauerei zur Malzmühle

Mühlen Kölsch ist frisch vom Fass fast unschlagbar. Da steckt wirklich alles drin, was man von einem

leckeren Kölsch erwartet. Und das Brauhaus ist sehr gemütlich, wirkt ein bisschen familiär. Weltrang erlang es, als beim G7-Gipfel in Köln der damalige US-Präsident Bill Clinton unbedingt einmal kölsch essen wollte und spontan (so spontan das als Präsident der USA eben geht) im Mühlen einkehrte. Er hat es nicht bereut. Und was für Bill Clinton gut war, kann für unsereins ja nicht schlecht sein, oder (gut, minus dieser Lewinsky-Sache)?

• Heumarkt 6, 50667 Köln
www.brauereizurmalzmuehle.de

Brauerei Päffgen

Wenn man reinkommt, sieht man direkt die alten Eisenschienen am Boden, die damals für die Kutschen da waren. Bei Päffgen bekommt man also die Historie des Ortes schon am Eingang mitgeliefert. Dieses Brauhaus ist die vielleicht brauhausigste Erfahrung, die man in Köln machen kann. Das Kölsch ist spektakulär gut, das Essen sehr lecker und die Köbesse sind eventuell Vampire, weil sie in ihrer Köbeshaftigkeit so wirken, als wären sie schon seit 200 Jahren im Päffgen angestellt. Großartig.

• Friesenstraße 64–66, 50670 Köln
www.paeffgen-koelsch.de

»Das andere Geschlecht« und ich beim Stöbern in der Kunstbuchhandlung Walther König an der Ehrenstraße – die ist zweifellos ein Wunderland.

6

Kölner:innen und die Kunst

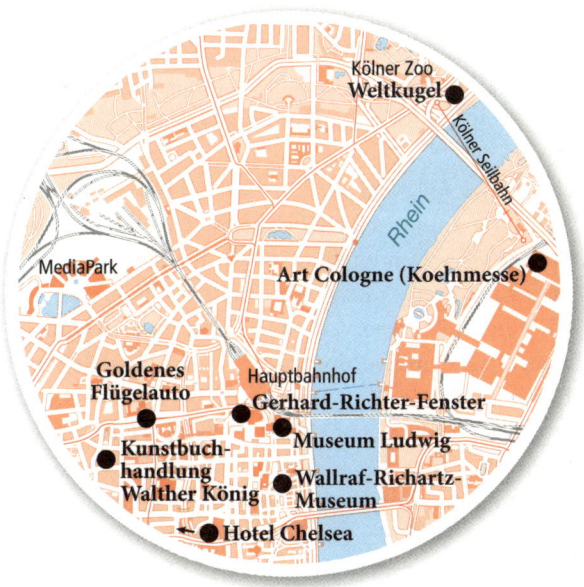

Über (Kunst-)Geschmack lässt
sich streiten. Aber nie über eine Erkenntnis:
Ohne die kölschen Frauen gäbe es
keine Rubensfiguren.

» Wat däm ein sin Üül, es däm andere sin Nachtijall«*

Ich hab mit meinem ältesten Bruder lange Zeit zusammen auf einem Hinterhof in Köln gewohnt, der zu einer ehemaligen Fabrik gehört hat. Was für eine Fabrik das war, wurde nie so ganz klar. Die einen meinten, eine Brotfabrik, was ja eine schöne Vergangenheit wäre. Ich hab aber auch schon Batterie-Fabrik gehört, was ja nicht unbedingt der Boden ist, auf dem ich leben, schlafen, essen möchte.

Aber egal: Es hat mir nicht geschadet. Glaub ich zumindest. Gut, mein Handy lädt, wenn ich es in die Hand nehme, aber sonst ist alles okay. Nee, Spaß.

Das Gelände war toll, weil es so verwinkelt war. Die Wohneinheiten waren alle komplett unterschiedlich, keine glich der anderen. Manche waren Lofts, andere waren Einzimmerwohnungen. Die Halle, in die wir zogen, war vor unserem Einzug eine Karateschule gewesen. Neben uns befand sich eine Metallwerkstatt (in der der Betreiber dann gewohnt hat, nachdem er sich ein Hochbett hineingebaut hat). Es war crazy. Und ein bisschen wild-westig. Und uns gegenüber hatte ein Künstler sein Atelier. Es war fantastisch: hohe Decken, hohe Fenster, viel Licht von beiden Seiten. Es war wirklich das perfekte Atelier. Manchmal gab er Kurse oder hatte Kunstklassen da. Dann haben Aktmodelle gepost und wurden gezeichnet. Und alles vor dem Fenster zu unserem Hof. Ich weiß nicht, das klingt vielleicht komisch, aber es war etwas Besonderes. Es hat unseren Hof, auf dem wir sowieso die meiste Zeit draußen saßen, irgendwie aufgewertet.

Eines Tages hat der Künstler ein neues Bild gemalt und einen Baustrahler drauf ausgerichtet. Der beleuchtete das Bild Tag und Nacht. Ob jemand da war oder nicht. Das Bild war wirklich sehr krass exponiert.

* »Über Geschmack lässt sich streiten«

Meine Ahnung vom künstlerischen Prozess ist leider viel zu gering, um zu wissen, ob er das aus praktischen Gründen gemacht haben könnte. Vielleicht, um das Bild (schneller) zu trocknen? Es kann aber auch sein, dass er einfach sauzufrieden mit seiner neuesten Arbeit war und eine kleine Mini-Ausstellung für sich selbst in seinem Atelier machte. Das Besondere an der Sache war jedenfalls, wie gesagt, dass er das Licht auch anließ, wenn er ging.

Und so saßen wir auf unserem Hof, und über uns strahlte das neueste Bild unseres Maler-Nachbarn in die Nacht. Da haben wir, womöglich auch ein bisschen aus einer Bierlaune heraus, das kann ich nicht ganz ausschließen, eine Leiter besorgt und sind auf Höhe des Ateliers geklettert. Nur um ans Fenster einen Zettel zu kleben. Und als der besagte Künstler das nächste Mal in sein Atelier kam, fand er einen Zettel an seinem Fenster vor, auf dem in großen Lettern »COOLES BILD« geschrieben stand. Als wir ihn dann sahen und grinsend zu seinem Atelier hochblickten, bekamen wir ein »Daumen hoch« von ihm. Ist das nicht herrlich?

Ohne kölsche Frauen keine Rubensfiguren

Kunst spielt seit jeher eine riesige Rolle in Köln. Siehe das Mosaik auf dem Boden des Römisch-Germanischen Museums (mehr dazu im Kapitel 8 über die Römer). Und es ist natürlich auch wenig verwunderlich, dass Städte, die Geld anziehen, irgendwie auch Kunst anziehen.

Denn Kunst ist natürlich teuer, oder wie die Höhner singen: »Alles, was ich will – alles, was ich will / Ist verboten, macht dick oder kostet zu viel.«

Wenn wir in der Geschichte weiterziehen, finden wir immer wieder wichtige Künstler von Weltruhm, für die Köln Heimat war. Peter Paul Rubens, der weltberühmte Maler aus dem 16. Jahrhundert, nach dem ganze Körperformen benannt wurden, von dem wissen die Wenigsten:

Der Mann war Kölner. Ja, gut, er ist in Siegen, in der Nähe von Bonn geboren, und seine Familie ist mit ihm zurück nach Antwerpen in Belgien,
wo sie eigentlich herkamen, gezogen, als er elf Jahre alt war. Aber da ist
der Kölsche nicht so kleinlich. Wenn er danach zu Weltruhm gelangt ist,
dann kann das eigentlich nur daran liegen, dass er mal in Köln gelebt
hat – und dann ist er auch für immer ein Kölner. Ist doch logisch. Der
Mann war quasi Ur-Kölner durch und durch! Hier muss er seine ersten
Rubensfrauen gesehen haben, der Fall ist damit sonnenklar. Ohne kölsche Frauen keine Rubensfiguren. Ende der Durchsage.

Aber mal im Ernst: Es gibt tatsächlich Künstler von Weltrang, die aus
Köln kommen oder die sich in Köln so entfalten konnten, dass sie von
hier ihren Siegeszug angetreten haben. Und das vor allem in der zeit-
genössischen Kunst. Zum Beispiel der Nachbar von Stefan Raab. Nein,
ich meine nicht Gentleman, der andere Nachbar, auf der anderen Seite.

Der Mann mit dem Mosaik-Fenster im Dom

Gerhard Richter. Richter gilt als der teuerste lebende Maler der Welt.
Und als einer der wichtigsten Künstler unserer Zeit. Und wenn man sich
sein Werk ansieht, auch völlig zu Recht. Die Bilder, die Richter bislang
alle gemalt hat, die Art, wie er damit die weltweite Kunst geprägt hat,
ist sicherlich einmalig. Jeder hat schon mal ein Bild von ihm gesehen,
ob bewusst oder unbewusst. Und sei es das bunte Mosaik-Fenster im
Kölner Dom. Richter ist in Dresden geboren und hat dort in den 50ern
auch Kunst studiert, ist aber 1961 über West-Berlin in den Westen ge-
flohen, mit seiner damaligen Frau. Er hat dann, muss man zugeben, in
Düsseldorf in den 60ern fertig studiert und dort Anfang der 70er auch
eine Professur an der Kunstakademie bekommen. Eine Zeit, in der unter
anderem auch Joseph Beuys dort lehrte (bevor Johannes Rau, damals
Wissenschaftsminister von Nordrhein-Westfalen, ihn fristlos entließ,
weil Beuys ihm auf die Nerven gegangen war).

Wie dem auch sei, 1983 scheint Richter endlich gemerkt zu haben,
was für ein Juwel da rheinabwärts auf ihn wartet, und ist nach Köln gezogen. Nach Hahnwald – das Kölner Villenviertel. Und wie wir gelernt
haben: Damit ist er offiziell 'ne kölsche Jung. Da er sogar ein Fenster im

Ein buntes Mosaik-Fenster im Dom hat den Maler Gerhard Richter zum
Fast-Schutzheiligen gemacht.

Dom gemacht hat, ist er quasi schon so was wie ein Schutzheiliger von
Köln. Richter jedenfalls war immer ein eher zurückgezogener Typ, der
kein Riesenaufheben um seine Person gemacht hat. Da gab es Künstler
in Köln, die sind das etwas anders angegangen.

Hauptabteilungsleiter Kunst

HA Schult ist in Berlin aufgewachsen, hat auch, ein paar Jahre vor Richter, in Düsseldorf studiert, dann in Köln gelebt. Dann ist er ein bisschen
durch die Welt gezogen, hat mal hier gelebt, mal dort, aber ist am Ende
dann doch wieder in Köln gelandet. Diese Stadt lässt einen einfach niemals los.

Schult, den man früher nie ohne seine Muse und damalige Ehefrau
Elke Koska sah, war immer so ein bisschen der Freak-Künstler oder
vielleicht sogar eher der Künstler-Freak. Immer ein bisschen laut, immer ein bisschen überdreht. Der selbsternannte Hauptabteilungsleiter

(HA) Kunst hat alle seine Aktionen stets lautstark verteidigt und erklärt und dabei auch etwas ganz Besonderes erreicht: Der Boulevard hat stets versucht, seine Aktionen zu skandalisieren, und viele Menschen haben den Kopf geschüttelt, wenn Schult mal wieder versucht hat, ihnen seine Meinung aufzudrängen. Aber trotzdem wurde ihm applaudiert, trotzdem wurde er angehört, trotzdem war man ein bisschen stolz auf ihn, weil man immer gemerkt hat, dass er mit vielen Dingen, die er sagte, eigentlich recht hat. Und: Einige der Objekte, die er geschaffen hat, sind zu absoluten Klassikern geworden und aus dem Kölner Stadtbild eigentlich nicht mehr wegzudenken. Zum Beispiel sein goldenes Flügelauto. Oder die leuchtende Weltkugel, die vier Jahre auf der Severinsbrücke thronte, bevor die Stadtverwaltung meinte, dass die da wegmüsse.

Das hat viele Kölner:innen aufgeregt, weil sie schon zu einer Art Wahrzeichen geworden war (Kölner:innen assimilieren nämlich nicht nur Künstler ruckzuck, sondern auch Objekte im öffentlichen Raum – also Vorsicht, wenn man sein Auto zu lange am gleichen Ort stehen lässt!). Eine Versicherung hat sich dann in den Streit eingeschaltet und angeboten, dass die Kugel auf dem Dach ihrer Zentrale ein neues Zuhause finden könnte. In einer spektakulären Aktion wurde die Weltkugel dann tatsächlich von einem Helikopter auf das Versicherungsdach gebracht, wo sie seither über dem Rheinufer thront und als wichtiges Wahrzeichen Kölns die Menschen grüßt, die über die Zoobrücke in die Stadt kommen.

Das goldene Flügelauto auf dem Dach des Stadtmuseums von HA Schult.

Schult war immer auch ein Wichtigtuer, einer, der sich immer mit allen angelegt hat, die die Welt nicht so sahen wie er. Und er hat das immer als eine Funktion von Kunst verstanden. Damit hat er sicherlich recht. Man muss ja nicht allem zustimmen, was er sagt, oder ihn für so genial halten, wie er sich selbst (zumindest so, wie er stets tut). Aber natürlich soll, darf und kann Kunst auch mal auf die Kacke hauen. Gerade Aktionskunst. Ob die Message am Ende nicht mehr sonderlich subtil ist, ist doch egal. Man muss nicht alles verklausulieren. Eine Meinung mal ganz straight rauszuballern, kann durchaus auch einen künstlerischen Wert haben. Wie HA Schult jetzt auch schon seit den 60ern regelmäßig beweist. Und ganz ehrlich: Die Kölschen sind sicher nicht das subtilste Völkchen der Erde. Das passt eher zu den etwas verschlosseneren Hanseaten. In Köln darf es ruhig auch mal was derber sein. Da passt so ein Hauptabteilungsleiter Kunst schon sehr gut zum Selbstverständnis der Stadt.

Kunstmarkt Köln versus Kölner Kunstmarkt

Kunst will natürlich nicht nur gemacht, sondern auch verkauft werden. Künstler sind am besten, wenn sie sich darauf konzentrieren können, Künstler zu sein und nicht noch irgendeinem Brotjob nachgehen müssen, um über die Runden zu kommen, und der sie von ihrer eigentlichen Idee ablenkt. Kunst ist Arbeit. Und Arbeit darf gerne bezahlt werden. Deswegen ist es natürlich interessant, Kunst zu verkaufen, und es gibt ja einen internationalen Kunstmarkt. Und bei dem kommt Köln interessanterweise eine Pionierrolle zu: nämlich aufgrund der Kunstmesse Art Cologne. 1967 noch ganz klein als »Kunstmarkt Köln« gegründet und gestartet, war sie sofort ein durchschlagender Erfolg. Fast nach dem Motto: »Ach, man kann auch eine Messe daraus machen? Wir müssen nicht immer alle nur in unseren Galerien darauf warten, dass mal jemand zufällig vorbeikommt?« Daraufhin wurde sie umbenannt in »Kölner Kunstmarkt«. Und da muss man mal sagen: Also, wirklich viel besser. Vorher war ja nicht so richtig klar, wo da was passiert, aber jetzt schon. Ein Name, der keine Fragen mehr offenlässt. Na ja.

Aber nach mehreren erfolgreichen Jahren wurde sie immer größer und größer und hat dann in den 80er-Jahren ihren endgültigen Namen »Art Cologne« bekommen. Das klang jetzt richtig international und wichtig genug. Da die Galerien, die dort teilnehmen durften, immer ausgewählt wurden, hat die Art viel Widerstand provoziert und seit ihrem Bestehen immer wieder für Gegenmessen gesorgt, was auch wieder eine Förderung der freien Kunstszene und somit ein Verdienst der Art Cologne war. Eine dieser Messen hat sich sogar in Düsseldorf etabliert.

Das muss man sich mal vorstellen. Das ist im Grunde Entwicklungshilfe, was Köln da geleistet hat.

Aber im Ernst: Das Schöne an der vitalen Kunstszene in Köln ist, dass sie sich trotz der Kulturpolitik der Stadt entwickeln konnte. Und das ist mit Sicherheit auch eine Lehre, wenn es darum geht, wie man das gute Leben leben kann: Man muss einen Ort finden, der einem gefällt, und versuchen, sich so frei von äußeren Umständen zu machen, wie das eben möglich ist. Das kann man nicht immer, und leicht ist das schon gleich gar nicht. Aber wer es in Köln als Künstlerin oder Künstler schafft, der oder die ist für alles gewappnet.

Der heutige Galerist und Anti-Art-Cologne-Veranstalter in den 90ern, Christian Nagel, wurde einmal in einem Interview mit dem »Kölner Stadt-Anzeiger« gefragt, wie seine Einschätzung der kölschen Kulturpolitik sei, in der er sich immer sehr eingesetzt habe. Er meinte daraufhin, dass die Kölner Ratspolitiker Entscheidungen treffen würden, »die eher im mittleren bis unteren Bereich des Ästhetischen anzusiedeln sind«. Und da es in dem Interview auch konkret darum ging, wie die neue Stadtplanung vonstattenging, die allzu viele Bausünden aus den 50er- und 60er-Jahren loszuwerden versuchte, sagte er noch das: »Jetzt beschönigt man das alles ein bisschen, macht das alles ein wenig klassizistischer. Aber Köln ist keine Stadt für den Klassizismus, sondern eher immer für eine schräge Geschichte gut.«

Und wenn das nicht das allerschönste Kompliment ist, dass man Köln und den Kölner:innen machen kann, dann weiß ich es auch nicht. Da sollte meiner Meinung nach sogar das Stadtmarketing sofort aktiv werden und Poster drucken: »Köln – immer für eine schräge Geschichte gut«. Der richtigste Satz aller Zeiten über diese Stadt.

Spektakulär wurde HA Schults leuchtende Weltkugel auf die DEVK-Zentrale montiert.

Was und wo?

Gerhard-Richter-Fenster
im Kölner Dom
Von Gerhard Richter entworfenes
Mosaik-Fenster im Südquerhaus.
Auf einer Fläche von 106 Quad-
ratmetern wurden rund 11 000
Farbquadrate in 72 Farben zum
Teil nach dem Zufallsprinzip, zum
Teil dem architektonischen Kontext
entsprechend angeordnet.
• Domkloster 4, 50667 Köln
   www.koelner-dom.de

Goldenes Flügelauto
Im April 1991 »landete« das goldene Flügelauto von HA Schult auf

dem Treppenturm des Zeughauses.
Eigentlich sollte das Werk nach der
zweiwöchigen Kunstaktion »Fetisch Auto«, für das es entworfen
worden war, aus Denkmalschutz-
gründen wieder entfernt werden.
• Zeughaus/Kölnisches Stadtmuse-
   um, Minoritenstraße 13, 50667 Köln

Weltkugel
Früher auf der Severinsbrücke,
jetzt auf dem Dach der DEVK auf
der anderen Rheinseite: die ton-
nenschwere leuchtende Weltkugel
von HA Schult.
• Zentrale der DEVK, Riehler Straße
   190, 50735 Köln

Art Cologne

Eine der ältesten und weltgrößten Messen für zeitgenössische Kunst, die jährlich im Frühjahr auf dem Gelände der Koelnmesse in Deutz stattfindet.

- Messeplatz 1, 50679 Köln

  www.artcologne.de

TIPPS

KUNST IN KÖLN

Kunstfans kommen in dieser Stadt ungewöhnlich gut auf ihre Kosten. Es gibt zahlreiche Galerien zu entdecken. Da kann man wirklich keine hervorheben, weil die alle sehr unterschiedliche Programme haben. Aber schlendern Sie durch die Seitenstraßen der Innenstadt – irgendwo hat immer irgendwer aus einem leer stehenden Ladenlokal eine aufregende Galerie gemacht. Was Museen betrifft, kommt man nicht um diese herum:

Museum Ludwig

Das Museum Ludwig zeigt Kunst des 20. und 21. Jahrhunderts und ist eines der bedeutendsten der Welt, sicher in einer Reihe mit dem MoMA in New York oder der Tate Modern in London. Die ständige Ausstellung ist dabei schon aufregend genug und schön kuratiert. Die wechselnden Ausstellungen sind aber vor allem sehr aufregend und am Puls der Zeit oder finden einen interessanten *Take* auf Künstlerinnen und Künstlern, den man so vorher noch nicht gesehen hat. Wer an zeitgenössischer Kunst interessiert ist, kommt am Ludwig nicht vorbei.

- Heinrich-Böll-Platz, 50667 Köln

  www.museum-ludwig.de

Wallraf-Richartz-Museum

Ich bin eigentlich kein großer Fan mittelalterlicher und barocker Malerei und der aus dem 19. Jahrhundert. Aber wie die Bilder im Wallraf-Richartz hängen: atemberaubend. Das beweist mal wieder, dass auch ein Raum entscheidend ist bei der Rezeption von Kunst. Und der Raum, der der weltweit umfangreichsten Sammlung mittelalterlicher Malerei da gebaut wurde, ist fantastisch. Die Bilder entfalten ihre volle Wucht durch eine perfekte Inszenierung. Auch wenn man glaubt, es würde einen nicht interessieren: unbedingt reingehen und sich vom Gegenteil überzeugen lassen.

- Obenmarspforten 40, 50667 Köln

  www.wallraf.museum

Kunstbuchhandlung Walther König

Die Königs sind eine Kunstdynastie in Deutschland. Doch während Johann König von Berlin aus die Kunstwelt als Galerist erobert, backt sein Onkel in Köln ganz andere Brötchen: mit seiner Kunstbuchhandlung. Die Kunstbuchhandlung Walther König an der Ehrenstraße ist ein absolutes Wunderland, vielleicht am ehesten vergleichbar mit dem Buchladen in „Die unendliche Geschichte" von Michael Ende. Wenn man bei König ein Buch aus dem Regal zieht und sich wundert, was das überhaupt ist, weiß man, wenn man hochblickt, schon gar nicht mehr, wo man das herhatte. Ein magischer Ort, wo jeder, dem Bücher oder Kunst irgendwas bedeuten, mindestens einmal im Leben gewesen sein muss.

• Ehrenstraße 4, 50672 Köln
  www.buchhandlung-walther-
  koenig.de

Hotel Chelsea

Das Chelsea ist eine Institution in Köln und war als Hotel immer sehr eng mit der hiesigen Kunstszene verbunden – zu manchen Zeiten bezahlten Künstler ihre Zimmer mit Gemälden. Und »erfunden«

Das Hotel Chelsea mit seinen Designermöbeln und Kunstwerken – ich liebe es.

hat das an diesem Ort niemand Geringerer als Martin Kippenberger. Die Zimmer sind alle sehr schön, zum Teil *weird*, aber nie nervig geschnitten. Manche haben eine kleine Treppe und sind maisonetteartig gestaltet. Ich kriege hierfür weder Geld noch freie Logis, aber ich liebe dieses Hotel einfach – und das darunterliegende und dazugehörige Café Central ebenfalls.

• Jülicher Straße 1, 50674 Köln
  www.hotel-chelsea.de

Man muss sich ja was Gutes tun: Vor dem Schaufenster der Bäckerei Zimmermann in der Ehrenstraße.

7

Zeit für mich

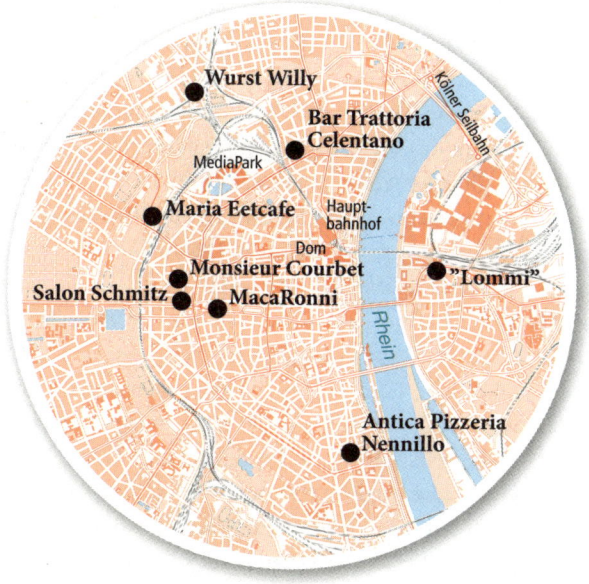

Halver Hahn, Flönz und Soorbrode,
dazu frisch gezapftes Kölsch – und man
ist in »Köllefornia«.

»Mer muss auch jönne könne«*

Was wäre diese Welt für ein wundervoller Ort, wenn die Menschen darauf erpicht wären, es sich gut gehen zu lassen. Die meisten Leute sind leider eher darauf aus, es den anderen schlecht gehen zu lassen, weil es niemandem gut gehen soll, wenn es einem selber nicht gut geht.

Oder überhaupt: Menschen mit schlechter Laune als Default-Einstellung hassen es, dass andere Menschen gut gelaunt sind, und setzen alles daran, ihnen diese zu verderben. Das sorgt dafür, dass genau geguckt wird, wie der andere drauf ist. In den meisten Landstrichen hat sich deswegen eine sofortige Skepsis etabliert, wenn jemand gute Laune hat.

Nun: In Köln ist es das nicht. Hier ist gute Laune erstrebenswert, und jeder, der sie hat, gilt als ein leuchtendes Vorbild. Und haben wir gelernt, dass Kölner:innen verschiedenste Techniken zur Stimmungsaufhellung haben, darf natürlich ein ganz wichtiger Faktor bei der ganzen Sache nicht vergessen werden: die Selbstfürsorge, oder wie es heutzutage heißt: die *Me-Time*. Auf Kölsch würde die übersetzt »Ich-Zick« heißen.

Die Ich-Zick bedeutet, auf sich selbst achtzugeben, sich selbst zu verwöhnen, wo es nur geht. Und zwar nicht so halbherzig oder mit irgendeinem Sinn und Zweck verbunden. Ich zum Beispiel spiele für mein Leben gern Videospiele. Ich mach das schon sehr lange, ich kann das auch ganz passabel. Aber nicht wettbewerbsfähig. Das interessiert mich auch gar nicht. Ich will mich mit niemandem messen. Ich will einfach etwas machen, dessen Ergebnis keinen Zweck hat. Ich könnte auch eine Modelleisenbahn haben oder Bonsai züchten oder Klingonisch lernen. Raus aus dem Verwertungshamsterrad.

Nun, was man als Kölner:in grundsätzlich für Möglichkeiten der Ich-Zick? Gucken wir doch einmal genauer hin.

* »Man muss auch gönnen können«

Halver Hahn passt immer – ein Brötchen mit einer dicken Scheibe Käse und Senf.

Snacks aus der Brauhausküche

Essen ist die Königsdisziplin der Ich-Zick. Ich zum Beispiel gehe, wenn ich in Köln bin, immer gern zu einer Bäckereikette, die zwei Dinge hat, die ich liebe: Halven Hahn und das Metzgerbrötchen. Halver Hahn ist ein Brötchen mit einer dicken Scheibe Käse und Senf. Und, na gut, auch manchmal Zwiebeln. Das ist ein absoluter Klassiker der kölschen Küche. Das Metzgerbrötchen ist quasi der fleischige Zwillingsbruder des Halven Hahns: Statt Gouda ist da eine richtig schön dicke Scheibe Fleischwurst drauf. Auch lecker. Noch habe ich für beide keine veganen Alternativen entdeckt, aber das soll nicht heißen, dass es die nicht gibt oder die nicht möglich wären. Wäre doch schön.

Praktisch sind auch Reibekuchen oder Rievkooche, wie sie in Köln heißen. Diese kleinen, fettigen Kartoffelteller, die am besten schmecken, wenn man sie mit kaltem Apfelmus isst. Oder mit Schwarzbrot und Rübensirup. Hmm. Rübensirup. Die zäheste Masse der Welt.

Wie gesagt: Die meisten Gaststätten bieten die nur einmal in der Woche an. Nun würden gewiefte Marketingexperten meinen, dass das klar sei: Begehren schaffen durch künstliche Verknappung. Ein Klassiker des Verkaufs und jeden Abend herrlich erlebbar auf dem Shopping-Sender Ihrer Wahl, wenn ein Produkt plötzlich leider, leider ausverkauft ist – aber am nächsten Tag schon wieder vorrätig.

Der Grund beim Reibekuchen dürfte aber ein anderer sein, der gleichzeitig mit erklärt, warum so viele Leute Rievkooche am liebsten essen gehen: Die Teile werden ja frittiert. Kurz: Den Geruch kriegt man tagelang nicht mehr aus der eigenen Bude raus. Dann doch lieber auswärts essen. Kommt man auch mal wieder vor die Tür. Hat also nur Gutes. Die Restaurants wollen den Geruch aber auch nicht jeden Tag aus der Küche in die Stube ziehen haben – deswegen nur einmal in der Woche. Tja. Nehmt das, Marketingexperten. Manchmal haben Sachen auch praktische Gründe.

Na ja, so stell ich mir das zumindest vor.

Fast poetisch – Himmel und Erde

Das waren jetzt so die wichtigen Snacks der Brauhausküche, aber blicken wir doch mal auf die Hauptgerichte, mit denen der Kölsche es sich gut gehen lässt.

Himmel un Ääd. Das ist ein Mischmasch aus Äpfeln und Kartoffeln, meistens gibt's dazu eine angebratene Flönz. Das ist kölsch für Blutwurst. »Himmel und Erde« heiß das, weil Kartoffeln auch Äädäppel genannt werden, also Erdäpfel. Somit hat man die Äpfel am Baum als »Himmel« und die Erdäpfel als »Erde«. Hat fast etwas Poetisches.

Flönz ist auch so etwas, was der Kölsche sehr gern isst. Ich zum Beispiel gar nicht, aber ich bin da tolerant.

Flönz, obwohl ich sie nicht mag, ist eines meiner absoluten Lieblingswörter auf Kölsch.

Deswegen bin ich auch so traurig, dass ich sie nicht mag, und freue mich immer, wenn ich Begleitung hab, die eine haben will.

Meine Frau zum Beispiel isst sehr gerne Himmel un Ääd. Flönz, das ist doch total geil. Das schwingt, das klingt, da ist alles drin, was die kölsche Sprache ausmacht. Ein Umlaut und ein Wortende, auf dem man sich ganz breit und lang ausruhen kann. Flönnnnnnnnnnnnnz. Herrlich. Vielleicht biete ich in Köln irgendwann mal einen Flönz-Lieferservice an, damit den ganzen Tag Kölsche bei mir anrufen und nur Flönz bestellen. Das wird schön.

Eine andere Spezialität, die ich sogar auch wieder essen mag, ist der Sauerbraten. Oder, wie es auf kölsch heißt, der Soorbrode. Der ist so lecker. Wie das Fleisch zerfällt, wenn man mit der Gabel reinsticht – herrlich. Dazu die Soße mit Rosinen und manchmal sogar Mandeln. Das ist der einzige von drei Orten, bei denen ich Rosinen tolerieren kann: in der Sauerbraten-Soße, als Augen und Knöpfe beim Weckmann (nur echt mit der Tonpfeife) und im Studentenfutter. Zum Sauerbraten gibt es meistens noch Klöße, mit denen man die Soße so richtig genießen kann.

Und die vermutlich Bud Spencerigste Hauptmahlzeit, die man in kölschen Gaststuben finden kann, sind die »Decke Bunne met Speck«, also Dicke Bohnen mit Speck. Sehr deftig, sehr simpel, sehr gut. Das kann man sich auch zu Hause selber machen. Und dann schön vor den Fernseher und direkt aus der Pfanne essen. Mit dem Kochlöffel. Keine Sorge – niemand sieht Sie, und wir wissen alle, dass Sie das schon immer mal machen wollten. Wollten wir alle. Nur um uns zu fühlen wie Bud Spencer oder Terence Hill in einem ihrer Spaghetti-Western. Nicht vergessen: Hier ist gerade Ich-Zick angesagt, da kann man sich auch so was mal erlauben. Und es macht einen Riesenspaß. Da merkt man mal, wie überschätzt Teller sind.

Das sind jetzt so die Klassiker der kölschen Küche, beileibe nicht alle, da gibt es natürlich noch mehr. Auffällig ist: Im Nachtisch ist er nicht so zu Hause, der Kölsche. Liegt vielleicht daran, dass er an Karneval immer so viele Kamelle schnappt, dass es für ein halbes Jahr reicht. Jetzt hör ich die Kölschen aber rufen: »Jung, kein Nachtisch? Wat is mit den Muuzemändelcher?« Ja, gut, sag ich da, gibt es. Ist so ein mandelförmiges

Bei diesem Gericht lässt es sich gut gehen: Himmel und Ääd, ein Mischmasch aus Äpfeln, Kartoffeln, gebratener Blutwurst und Zwiebeln.

Gebäck, das in Fett ausgebacken wird. Kenn ich vor allem von Karneval und Silvester. Würde ich mir aber nicht so stolz auf die Nachtisch-Fahne schreiben. Sind schon gut, aber nicht besonders raffiniert. Dann lieber zum Nachtisch ins Kölner Schokoladenmuseum und da an den Schoko-brunnen, an dem jeder flüssige Schokolade probieren darf.

Spezialgericht mit Aldi-Graubrot

Essen in Kölle, das ist ein riesiges Kotelett vergraben unter einem Hau-fen Schmorzwiebeln beim »Lommi«. Das ist Rievkooche mit Apfelmus auf der Kirmes. Oder ein Kringelburger bei Wurst Willy. Wurst Willy war eine Institution in Köln: ein kleiner Imbiss, der erst spät in der Nacht geöffnet hatte, jeden Tag in der Woche, weit oben am Ring. Da trafen sich die Nachtschwärmer, Polizisten und die Taxifahrer. »Hast du Hunger oder Durst – geh zu Willy, iss 'ne Wurst« war der Slogan. Die

meisten bestellten sich da eine Krakauer oder Bratwurst. Aber der echte
Connaisseur kannte natürlich Willys Spezialgericht: den Kringelburger.
Eine Bratwurstschnecke mit ordentlich Senf zwischen zwei Scheiben
Aldi-Graubrot. Es klingt unspektakulär, aber das war ein Gericht, das
man fühlen musste. Morgens um vier auf dem Kölner Ring. Herrlich.
So was findet man in keinem Kochbuch.

Mit Wurst Willy ging es leider tragisch zu Ende: Die Bude musste er
schließen, aus steuerlichen Gründen. Nicht ohne dass es Gerüchte gab,
dass er sowieso schon mehrfacher Millionär sei. Willy selbst, der eigentlich Wolfgang hieß, wurde dann irgendwann tot in der Eifel gefunden.
Es war auf jeden Fall das Ende seiner Bude. Das Ende einer kölschen
Legende. Und ein lukullisches Ausflugsziel weniger.

Eindeutig: die nördlichste Stadt Italiens

Man muss in Köln natürlich nicht nur kölsch Essen gehen, im Gegenteil. Es gibt eine Menge zu entdecken, für alle Geschmäcker. Als nörd-
lichste Stadt Italiens (auch wenn München manchmal plump versucht,
diesen Titel für sich zu *claimen*, aber sorry, Amigos: Ihr seid einfach
noch italienisches Einzugsgebiet, von hier aus gesehen) kann man in
Köln wirklich fantastisch italienisch essen gehen. Ein großer Favorit
von mir war damals immer die Trattoria Vesuvio, die auf der Aachener Straße direkt neben dem legendären Millowitsch-Theater lag. Die
Wirtin war eine echte italienische Mama. Und das meine ich im besten Wortsinn: Wer immer in ihren Laden zum Essen kam, den hat sie
sofort adoptiert. Da ging ich sehr oft und gerne allein zum Essen hin.
War ja eine Art Zuhause. Bestens investierte Ich-Zick. Den Laden gibt
es leider schon lange nicht mehr. Selbst das Millowitsch-Theater gibt
es nicht mehr.

Auch heute gibt es noch authentische Italiener in Köln. Ein Stammlo-
kal von mir ist da die Bar Celentano, die immer ein bisschen wie ein ver-
gessener Italiener am Rande einer Touristenhochburg wirkt. Aber das
Essen ist so lecker und die rein italienische Besetzung immer charmant
gestresst. Wer etwas nobleres Schickimicki-80er-Italo-Flair erleben will,
dem sei das maca_ronni empfohlen, in dem sich vor allem früher, als

der WDR noch Samstagabendshows in Köln produzierte, die Stars die Klinke in die Hand gaben. Tolle Zeitreise. Geile neapolitanische Pizza gibt es zum Beispiel bei Nennillo in der Südstadt oder im Belgischen Viertel. Ich könnte ewig so weitermachen – nur mit Italienern!

Ein anderes Restaurant, in das ich oft allein gehe, wenn ich in Köln bin, ist das Maria Eetcafe. Eetcafe ist der niederländische Ausdruck für »Lokal«. Und im Maria Eetcafe am Hans-Böckler-Platz kriegt man genau das: niederländische Spezialitäten. Fritten, Käse, Kroketten, Fleischkroketten. Herrliche Pommes-Saucen und verschiedene belgische Biere. Ich liebe dieses Essen, aber man muss es auch gut dosieren. Dennoch zahlt sich hier aber die geografische Nähe zu Holland bestens aus.

Frisch gezapftes Kölsch

In Köln kann man super essen, denn gutes Essen braucht man in Köln. Fürs Kölsch.

»Kölsch ist die einzige Sprache, die man trinken kann« ist ein Spruch, dem man in Köln nur schwer entgehen kann. Denn ich würde mal behaupten, dass für die meisten Kölner Kölsch eine Art Grundnahrungsmittel ist. Natürlich möchte ich an dieser Stelle keinen Alkohol verherrlichen. Doch ich halte Kölsch durchaus für ein Genussmittel. Wenn man es trinken mag. Gut dosiert.

Ein frisch gezapftes Kölsch an einem warmen Sommerabend – es gibt kaum etwas Erfrischenderes.

Nun ist Bier eine in Deutschland höchst umstrittene Wissenschaft. Reinheitsgebot dies, Craft Beer das. Maßkrüge hier, Pilsblumen da. Dunkelbier dies, Hefeweizen das. Was ist besser, was ist schlechter? Wo gibt's das beste Bier? Welches Bier ist am bierigsten? Welches Bier ist am männlichsten? Welches Bier gehört an den Grill? Mit welchem Bier beweist man guten Biergeschmack?

Über all diese Bierfragen werden sich teilweise fast die Köpfe eingeschlagen. Und der Kölner steht verwundert am Rand und fragt sich, was die denn alle für ein Problem haben. In Köln gibt es zirka 25 Kölsch-Sorten. Die Big Three sind dabei Gaffel, Früh und Reissdorf. Dann kommt die nächste Riege wie Sion, Dom oder Gilden. Sehr beliebt sind auch Mühlen Kölsch oder Päffgen. Damit gehen aber auch schon die Kölsch-Sorten los, bei denen die Genießer differenzieren. »Mühlen ist sehr lecker, aber nur vom Fass« ist dann so ein Spruch, den man öfter hört. Das ist wichtig in Köln, da sind wir dann auch wieder bei der Bier-Auskennerei. Dass man von den richtigen Kölsch-Sorten meint, wie sie wann am besten schmecken. Ansonsten ist es wie ein Fußballverein: Wer kein Lieblingskölsch hat, der wohnt vermutlich gar nicht in

Zeit für mich: mit einem frisch gezapften Glas Kölsch im Brauhaus Päffgen.

Köln. Oder macht sich zumindest schwer verdächtig. Und doch gibt es eine Ausnahme, die alle Kölschtrinker, egal welcher Marke, vereint. Und das ist die Meinung von Nicht-Kölsch-Trinkern.

»Das sind doch Reagenzgläser« ist einer der beliebtesten Sprüche über Kölschgläser von Nicht-Kölsch-Trinkern. Und geduldig holt man immer wieder aus, um zu erklären, dass die Gläser so klein sein müssen, weil Kölsch obergärig ist und deswegen schnell schal wird, und um das zu verhindern, am besten recht zügig getrunken werden soll. Und was ist schneller leer als ein kleines Glas? Eben. Nix. Ein ausgetrunkenes Kölsch ist ja auch ein Grund, ein neues zu bestellen. Kölsch ist eben die einzige Sprache, die man auch trinken kann.

Ich bin übrigens Reissdorf, Aszendent Mühlen vom Fass. Aber Päffgen ist auch super. Stamme aus einem Früh-Haushalt. Schade, dass es

Cramer nicht mehr gibt, das war wirklich ein tolles Kölsch. Sie sehen: Sich eine Kölsch-Favoriten-Liste anzulegen, erfordert ein bisschen mehr als nur zu sagen: »XY ist mein Lieblingskölsch.« Das ist eine komplette Philosophie, die sich über die Jahre auch immer wieder ändert. Oder zumindest ändern kann. Herausfinden, was man mag, wie man's mag. Ich-Zick.

Deckelgeschichten

Es ist auch durchaus typisch, sich an so einem Abend einen Deckel in der Kneipe machen zu lassen. Da streicht der Wirt die Biere ab, die man trinkt, und am Ende zahlt man, was auf dem Deckel steht. Manche Leute haben auch feste Deckel in ihrer Stammkneipe. Die zahlen sie dann eben beim nächsten Mal. Oder wenn es sich ergibt. Solange der Wirt nicht in finanzielle Probleme kommt, ist das in Ordnung.

Ich habe mich mal mit jemandem unterhalten, der schon eine bekannte Größe in Köln war und ist. Damals kannte den jeder, der war ein bunter Hund. Und man hat ihn jeden Abend an irgendeinem Tresen gesehen. Gerade da, wo die Kneipendichte hoch war und viele Läden mit jungem, coolem Publikum waren. Nun hat er mir erzählt, dass er dabei dieses Deckel-System ziemlich ausgereizt hat. Wenn er irgendwo einen Deckel hatte und der Wirt ihm sagte, dass er erst wieder was zu trinken bekäme, wenn er seinen Deckel auslösen würde, ging er einfach zur nächsten Kneipe und startete dort einen neuen Deckel. Bei seinem kölschenen Bekanntheitsgrad ging das ganz gut. Wie man sich aber denken kann, hat auch dieses System seine Grenzen. Denn irgendwann hatte er in allen Läden, in die er so ging, einen Deckel liegen, der auf seine Begleichung wartete, und in die anderen Läden, die vielleicht noch übrig waren, wollte er nicht. Vielleicht ließen sie ihn auch einfach nicht rein, keine Ahnung. Und so hatte er eine geniale Idee.

Er ging eines Abends ins nächste Büdchen, also den nächsten Kiosk, und kaufte sich ein Exemplar eines Comics. Dann schnitt er die Bilder aus, möglichst kleinformatig. Alle als kleine Vierecke. Und dann stellte er sich auf den nächsten Platz und verkaufte diese Bildchen als LSD-Trips an Leute, die etwas ganz Besonderes erleben wollten. Als er genug

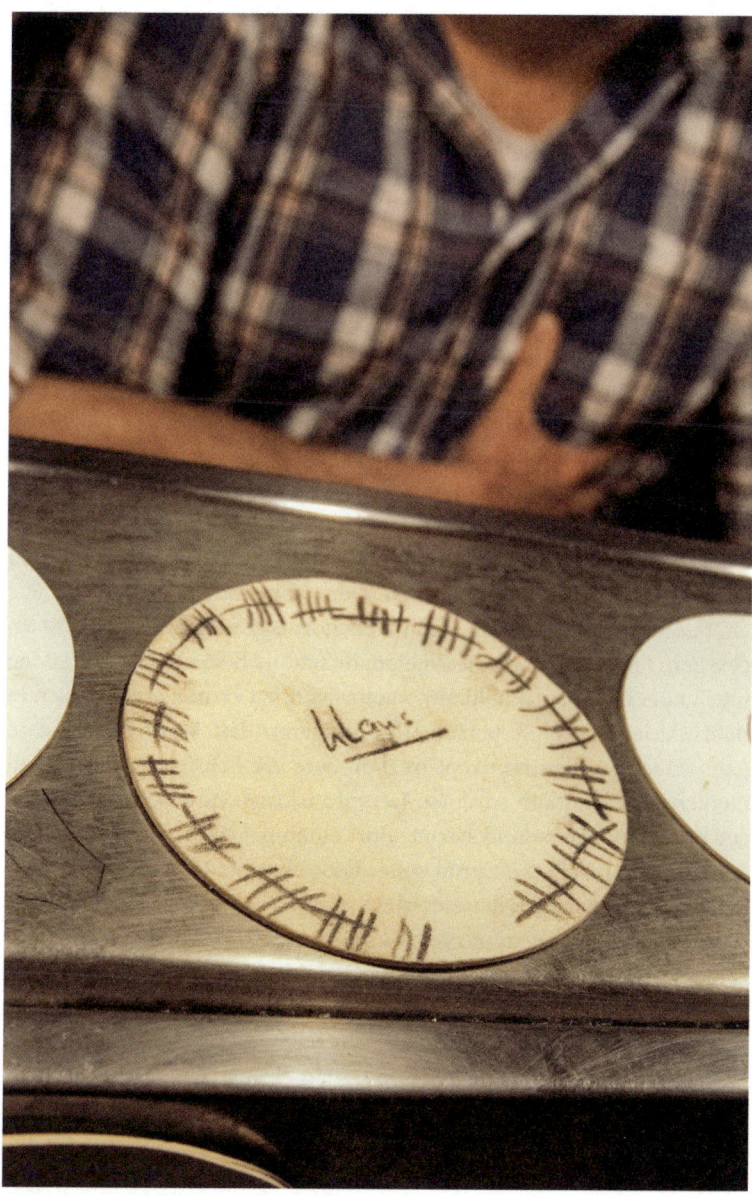

Strichliste auf einem Bierdeckel: Da muss jemand Durst gehabt haben!

Geld zusammen hatte, um wenigstens einen Deckel auszulösen, warf er das Heft in den Müll. Nun hatte er sein Kölschkonto wieder ausgeglichen und konnte erneut lostrinken. Die übrigen Deckel löste er dann übrigens wieder mit ehrlich verdientem Geld aus.

Aber man muss manchmal erfinderisch sein, um zu seiner Ich-Zick zu kommen. Und außerdem hat der durch seine Aktion ein paar Leute davon abgebracht, wirklich LSD zu konsumieren. Vermutlich haben die sowieso gedacht, sie wären drauf, als sie sich einfach ein Stück aus dem aktuellen Micky-Maus-Heft auf die Zunge legten und dann Farben und so gesehen haben. Die menschliche Einbildungskraft ist da ja nicht zu unterschätzen.

Holland ist grandios nah

Apropos Trip: Wenn Kölsche reisen, das ist auch ganz interessant zu betrachten, wenn es darum geht, wie Kölner:innen es sich gut gehen lassen. Wie gesagt: Als Kölner:in verreist man nicht so gern. Ich habe da jetzt keine belastbaren Zahlen vorliegen, aber da kann man ganz sicher sein. Mal ein Wochenendtrip in die schöne Eifel oder ins Bergische Land, aber da ist man ja abends auch wieder zu Hause. Wenn es schon richtig Urlaub sein soll, ist Holland ein beliebtes Ziel. Man fährt mit dem Auto so lange, dass man weit weg ist, aber die Fahrt als Ganzes noch nicht zu beschwerlich wird. Im Grunde ist man in den Niederlanden genau am Alltagsstress-Horizont angekommen. Das ist perfekt. Oftmals empfängt man dort noch problemlos deutsches Fernsehen (gut, das war lange vor Streaming-Diensten wichtig), und wenn man sich ein bisschen anstrengt, kann man, gerade als Kölscher, sogar Niederländisch ganz gut verstehen, mindestens aber gut entziffern.

In beliebten Orten kommt man auch mit Deutsch in den Niederlanden gut durch. Ich habe noch niemanden erlebt, der extra für seinen Renesse-Aufenthalt (Renesse ist ein Ort an der niederländischen Nordsee und das Ausflugsziel für Rheinländer, vor allem an Pfingsten) hätte Niederländisch lernen wollen oder müssen. Da ist es dann eher so, dass, wenn man sich einen auf Holländisch abbricht, die Ortsansässigen einem in perfektem Deutsch antworten. Da kann man es sich ja auch wirklich gleich sparen. Und außerdem: Heineken schmeckt auch mehr nach Kölsch als nach allem anderen.

Sehr chillig – Köllefornia

Kölner:innen sind letztlich aber stets darauf erpicht, ihre Stadt so zu gestalten, dass man in ihr Urlaub machen kann, dass alles kleine Alltagsfluchten sind. Nicht umsonst schmücken sich die Kölschen selbst gern mit dem Namen »Köllefornia«. Hier ist alles ein bisschen entspannter, ein bisschen *laid backer*, ein bisschen chilliger.

Und der große Vorteil gegenüber dem Ausland:
Von irgendwo hat man immer den Dom im Blick.

Ehrlich, es ist fast schon bekloppt, wie man in dieser Stadt auf den Dom fixiert ist. Es darf ja in der Innenstadt kein höheres Gebäude errichtet werden, damit der Dom das bestimmende Element im Panorama bleibt, *and it shows*. Die überbordenden Gefühle, die man als Kölner:in kriegt, wenn man über die Zoobrücke mit dem Auto oder mit dem Zug über die Hohenzollernbrücke in die Stadt zurückkehrt und als Erstes den Dom sieht, wie er plötzlich auftaucht und sich als Zentrum der Stadt inszeniert – das ist das ganz große Drama. Und da kann ich jeden Kölner verstehen, der nicht gerne verreist, denn all die Emotionen, die dieser Anblick auslöst – die kann man sich nicht allzu oft antun. Der Gefühls-Akku ist ja nicht dauerhaft belastbar, der muss sich auch wieder aufladen.

Wie macht man aber richtig Urlaub in der Heimat? Da hilft den Kölner:innen der tiefe, feuchte Riss, der mitten durch die Stadt geht: der Rhein. Die geliebte Lebensader Kölns. Für die meisten Kölschen ist es schon ein außergewöhnlicher Ausflug, mal auf die andere Rheinseite zu wechseln. Wenn man das dann zum Beispiel noch mit der Seilbahn macht, die vom Zoo zum Jugendpark gondelt (und zurück), ist das fast wie in den Urlaub zu fliegen.

Überhaupt, die andere Rheinseite: Wenn linksrheinische Kölner:innen auf die andere Seite gehen, fühlt es sich für sie wirklich so an, als würden sie die »Twilight Zone« betreten oder ein neues Amazonas-Gebiet erforschen. Klar, in Deutz, um die Kölnarena und die Messe herum, ist alles erforschtes und erschlossenes Gebiet. Das gilt noch bis zum E-Werk, einem klassischen Veranstaltungsort in Köln. Aber alles, was dahinterkommt: spannend! So kämpfen sich abenteuerlustige Kölsche bis zum Groov durch, einem pittoresken Naherholungsgebiet am Ufer des Rheins, und wundern sich, was auf der Schäl Sick alles so möglich ist.

Aufregende Mini-Urlaubsorte

Als ich jung war, haben meine Eltern auch mal die Groov für sich entdeckt, ich glaube, bei einer Radtour. Seitdem sind wir da öfter hingefahren, einfach so. Um was im Biergarten zu essen, um Minigolf zu spielen oder, zumindest wenn es nach mir gegangen wäre, um ein Slush-Eis zu essen, das gab es nämlich da und das war sehr selten! Das kannte ich nur aus, genau: Renesse.

Am Rhein entlang kann man auf jeden Fall aufregende Mini-Urlaubsorte entdecken. Aber nicht zu weit fahren. Sonst ist man in Düsseldorf. Und es geht ja um Urlaub. Man sagt auch: Urlaub in Düsseldorf ist wie Arbeit auf Hawaii: Geht, aber warum?

Aber im Ernst: Natürlich verreist der Kölsche auch. Und auch wenn er nach Orten in der Fremde sucht, in denen er ganz er selbst sein kann, dann ist das nicht das Schlimmste. Auf Mallorca gibt es mehrere Kölsch-Kneipen, in New York, in Tokio auch, und in Paris hat jetzt ein Deutscher einen Späti aufgemacht, in dem es natürlich Kölsch gibt, mit dem man sich gemütlich an die Seine setzen kann. Damit tut man dem Kölschen einen Riesengefallen. Die Schönheit eines Urlaubsorts gepaart mit dem Wohlgeschmack heimischer Braukunst – das ist schön.

Überhaupt ist das vielleicht eine der wichtigsten Lektionen, die man von den Kölner:innen lernen kann: Warum soll man immer so tun, als wäre man im Urlaub ein völlig anderer Mensch? Diese Gelassenheit, diese Selbstverständlichkeit, mit der Kölner:innen in der Fremde agieren und fast schon irritiert sind, wenn man Köln nicht kennt – die sorgt für ein gutes Stück Lebensqualität. Wenn ich nicht andauernd darauf achten muss, nicht wie ein Touri auszusehen oder möglichst akzentfrei zu sprechen, lässt es sich gleich viel entspannter reisen, wirklich! Und ganz ehrlich: Man wirkt am meisten wie ein Tourist, wenn man versucht, nicht wie einer zu wirken. Da ist der Kölsche schon viel weiter. Und kann sich dann auch freuen, wenn er ein Getränk aus der Heimat findet.

TOP 3
KÖLSCHE SONGZITATE ÜBER URLAUB

PLATZ 3
Paveier: »Er war der weißeste Mann am Strand«
Er war der weißeste Mann am Strand, oho, oho.
Er wurd von allen nur Schneemann genannt, oho, oho.
Mallorca, Ibiza und auf Norderney,
da war er bei den Damen nur der »Weiße Hai«

PLATZ 2
Karl Berbuer: »Camping Leed«
Do laachs do dich kapott, dat nennt mer Cämping,
do laachs do dich kapott, dat fingk mer schön.
Wenn em Zelt de Mökke un de Hummele dich verjökke,
un do kanns dann nit eraus em Rähn.

PLATZ 1
Bläck Fööss: »Et Spanien-Leed«
Nä, nä, Marie es dat he schön,
üvverall nor kölsche Tön.
Nä, he süht et wirklich us
wie bei uns zohus.
He fählt nur vum Balkon
die Aussich op d'r Dom.

Was und wo?

Lommerzheim (»Lommi«)

Riesige Koteletts, vergraben unter einem Haufen Schmorzwiebeln – dazu Päffgen Kölsch. Liegt in Köln-Deutz auf der anderen Rheinseite.

- Siegesstraße 18, 50679 Köln
  www.lommerzheim.koeln

Wurst Willy

Die Neuauflage des Kult-Imbisses im Schatten der größten Puffs von Köln ist der richtige Ort, um bei einer Bratwurst den Abend ausklingen zu lassen oder zu überlegen,

Ein Lieblingsort: Außenterrasse von der Bar Celentano.

ob man noch auf eine After Hour geht. *It's up to you.*

- Hornstraße 4, 50823 Köln
  www.wurstwillykoeln.de

Bar Celentano

Leckeres Essen mit charmant-gestresster italienischer Bedienung.

- Maybachstraße 148, 50670 Köln
  www.pizzeria-celentano-koeln.de

maca_ronni

Restaurant mit etwas noblerem Schicki-Micki-80er-Italo-Flair, in dem der eine oder andere Promi sich gern mal eine Pizza gönnt.

- Hahnenstraße 16a, 50667 Köln
  www.macaronni.eu

Antica Pizzeria Nennillo

Gute neapolitanische Pizza! Einmal in der Südstadt, einmal im Belgischen Viertel zu finden.

- Severinswall 22, 50678 Köln
  Limburger Str. 23, 50672 Köln
  www.nennillo.de

Maria Eetcafe

Niederländische Spezialitäten wie Fritten, Käse, Kroketten, Fleischkroketten und verschiedene belgische Biere.

- Hans-Böckler-Platz 1–3, 50672 Köln
  www.maria-koeln.de

Gut fürs Selbstbewusstsein – unbedingt ein Teil von Monsieur Courbet erstehen.

TIPPS

WO MAN SICH SONST NOCH WAS GUTES TUN KANN

Salon Schmitz

Vor allem für ein Frühstück bietet sich der Salon Schmitz an, weil der eine klassisch-kölsche Lässigkeit hat und mit seinem Außenbereich direkt auf dem Bürgersteig der Aachener Straße liegt und damit sehr gut das »Sehen-und-gesehen-werden«-Game erfüllt. Außerdem sind wir dann gleich im Belgischen Viertel, was der coole Bereich der Innenstadt ist.

• Aachener Straße 28, 50674 Köln
  www.salonschmitz.com

Monsieur Courbet

Sich zum Beispiel neu einkleiden im Monsieur Courbet. Auch wenn man sich nur ein Teil holt, man weiß ja, was das mit dem Selbstbewusst-sein macht, wenn man mit einer neuen Klamotte ausgeht. Aller-dings nur Men's Fashion.

• Maastrichter Straße 49, 50672 Köln
  www.instagram.com/
  monsieurcourbet

Römer alle fünf Meter: Stadtmodell vom römischen Köln mit Stadtmauer und Türmen.

8

Köln und die Römer

Köln war, ist und wird für immer
bleiben: eine Römerstadt – sozusagen
das römischste Rom außerhalb Roms.

»Isch bin ene stolze Römer«[*]

Ein großer Vorteil, in Köln oder nahe Köln aufzuwachsen, ist die Schiene der Geschichte, auf die man schon als Kind das Ohr gelegt bekommt (hallo, Freundeskreis!). Denn wenn irgendjemand in der Region seine Spuren hinterlassen hat, dann die Römer.

Schon in der Grundschule lernt man alles Mögliche über das römische Köln und den römischen Rhein, nur um dann am Wandertag irgendwo hinzufahren, wo man sich das ganze Zeug auch noch anguckt. Ich kenne auch niemanden, der im Rheinland aufgewachsen ist, der nicht ab einem gewissen Alter (und zwar nachdem man »WAS IST WAS«-Bücher gelesen hat) angefangen hat, die frisch gepflügten Äcker in der näheren Umgebung nach Römerscherben abzusuchen – und dabei nicht fündig geworden ist. Das ganze Rheinland ist ein einziges Freiluftmuseum. Und wer keine Lust hat, irgendwohin zu fahren, um sich entsprechende Exponate anzusehen, der muss einfach nur im eigenen Garten buddeln. Nach zirka fünf Metern hat jeder seine eigene Römer-Ausstellung.

Leben in einem Live-Museum

Deswegen ist Köln auch sehr unbeliebt bei Bauherren (und -damen), weil, je nachdem wie groß oder wichtig das Fundstück ist, das einen kompletten Baustopp bedeuten kann, und dann erst mal die Archäologen ranmüssen, um alles freizulegen und zu entscheiden, ob das geschützt werden muss, ob das geborgen werden kann oder was als Nächstes passiert.

*Wenn man in Köln gräbt,
stößt man früher oder später auf die Römer.
Das ist ein Fakt.*

[*] »Ich bin ein stolzer Römer«

Touristen schauen sich das Dionysos-Mosaik im Römisch-Germanischen Museum am Dom an.

Aber wie geil ist das eigentlich? Wie cool ist es, auf einem Live-Museum zu leben und überall die Spuren der Geschichte in greifbarer Nähe zu haben? Klar, es gibt Orte, da führt das zu einer gewissen Übersättigung: im Römisch-Germanischen Museum, gleich neben dem Dom, zum Beispiel. Das ist berühmt für sein Mosaik, auf das es gebaut wurde: ein altes, römisches Dionysos-Mosaik, fantastisch erhalten. Das ist wirklich beeindruckend und sehr sehenswert.

Den Rest des Museums hat dann aber anscheinend leider ein absoluter Römer-Nerd übernommen. Zahlreiche Exponate zeigen, wie das Alltagsleben der Römer war. Alles sehr akribisch zusammengestellt und beschriftet. Die Frage ist nur, wie man dem geneigten, neugierigen, aber vielleicht im Detail nicht absolut versessenen Besucher erklärt, warum man jetzt 37 Kämme zeigen muss, anstatt nur drei besonders interessante. Es ist ein rührendes Museum, weil man den Machern die Begeisterung für jedes Fundstück anmerkt. Leider transportiert die sich dem Besucher nur so halb. Da wäre etwas mehr Erlebnis, etwas mehr Anfassen und etwas weniger Fundstück-Ergebenheit vielleicht besser. Jedoch: Es wird gerade komplett saniert. Wer weiß, wie die Ausstellung danach aussieht. Ich bin gespannt.

Ich kenne das Römisch-Germanische, seit ich ein Kind bin. Da war ich, am Wandertag der Schule, zum ersten Mal in diesem Museum. Da wir eine Führung bekommen haben, war es etwas interessanter – aber wirklich nur etwas. Auch wir Kinder waren schnell erschlagen von der Menge an Exponaten. Doch dass ich als Kind schon da war, ist natürlich eine Besonderheit der Umgebung. Ich habe schon in der Grundschule auswendig gelernt, dass Köln »Claudia Colonia Ara Agrippinensium« zu Zeiten der Römer hieß, und wie die gelebt haben, wurde uns ebenfalls gezeigt. Dass die schon so was wie fließend Wasser hatten, wie Köln damals aussah, wie die Häuser ausgesehen haben, wie dort gehandelt wurde, lauter so Sachen, die für Grundschüler interessant sein können, wurden uns beigebracht. Und dann eben am Ende mit einem Wandertag veredelt.

Wir waren aber nicht nur im Römisch-Germanischen. Wir waren zum Beispiel auch einmal am Praetorium, das sind Überreste eines anscheinend riesigen Stadtpalasts, die jetzt unter dem Kölner Rathaus zu besichtigen sind. Das war sehr aufregend, weil man da so reingehen konnte. Das versteht man als Kind sofort. Es gibt im Kölner Umland, also in der Eifel, auch noch Stücke von Aquädukten zu sehen, von oberirdischen römischen Wasserleitungen, die die Stadt mit frischem Quellwasser versorgt haben, aus 98 Kilometer Entfernung. So was haben wir bei anderen Wandertagen noch mitgezeigt bekommen. Wenn wir etwa im Wildpark waren oder so. Andauernd, überall, immer wieder wurde man mit den Römern überrascht. Vielleicht ist Köln auch die Gegend, in der sich Asterix am schlechtesten verkauft, weil man hier schon einen gewissen *Soft Spot* für die Römer hat, eine Grundsympathie. Man lernt auf jeden Fall sehr früh, dass die es sich haben sehr gut gehen lassen. Und damit kann der Kölsche an sich durchaus was anfangen.

Die traurige Legende von Jan und Griet

Der Chlodwigplatz ist das Herz der Südstadt. Hier treffen sich Buslinien, Straßenbahnen, Nachtschwärmer, Taxifahrer, Südstädter und natürlich Karnevalisten. Und hier trafen sich auch einst Jan und Griet, wenn man der Sage Glauben schenken will. Diese (zumindest für Griet) tragische Liebesgeschichte wird an der Severinstorburg Jahr für Jahr von der Jan von Werth-Karnevalsgesellschaft an Weiberfastnacht nachgespielt. Übrigens: Die Severinstorburg ist nicht, man sollte es in Köln kaum für möglich halten, römisch. Die ist Teil der erst im Mittelalter entstandenen Stadtmauer.

Zurück zu Jan und Griet: Die Geschichte ist Legende, aber Jan gab es wirklich. Jan von Werth war nämlich einer der bekanntesten Generäle im Dreißigjährigen Krieg. Die Legende, die sich in Köln um ihn rankt, geht aber so: Als er jung war, war er Knecht. Und total verliebt in die Marktfrau Griet. Die wollte ihn aber nicht, weil er nur Knecht war. Griet wollte was Besseres. Egal, was Jan tat, er konnte einfach nicht bei ihr landen. Also ließ er sich für die Armee anwerben, denn jetzt war sowieso schon alles egal. In der Armee lief es aber super für ihn, weswegen er über die Jahre zum General aufstieg. Nach einer besonders wichtigen Schlacht, durch deren Sieg er die Handelswege nach und aus Köln wieder befreite, ritt er in die Stadt hinein, unter großem Beifall der Menge. Links und rechts am Straßenrand standen die Leute und jubelten ihrem Helden zu.

Da entdeckte er plötzlich Griet in der Menge, immer noch am Obststand. Ihr Haar mittlerweile ergraut, aber sie war weiterhin allein. Er stieg von seinem Pferd, ging auf sie zu und sagte: »Griet, wer et hätt jedonn!« (»Griet, wer es getan hätte!«, was so viel bedeuten sollte wie: »Griet, warum haben wir es nie getan?«) Und Griet antwortete: »Jan, wer et hätt jewoss!« (»Jan, wer hätte das wissen können?«) Und Jan stieg wieder auf sein Pferd und war weg. Klassischer Fall von »dumm gelaufen«. Aber deswegen ist »Wer et hätt jewoss, der et hätt jedonn« noch heute ein geflügeltes Wort in Köln. Ich sag mal so: Ein Glück für Griet, dass es sie nie gegeben hat.

Ein Wäschehaus und ein Relief

Aber wir waren bei den Römern: Nun, der Chlodwigplatz war schon immer ein recht emsiger Ort. Hier war ständig viel los. Deswegen waren dort auch seit jeher viele Geschäfte, Kneipen, Restaurants. Unter anderem auch ein Wäschehaus. Im Haus mit der Nummer 24. Das Wäschehaus der Familie Gens. Dort lebte 1965 das Ehepaar Gens (schon in zweiter Generation) mit ihren Söhnen Heinz, Kaufmann, und Josef, Student. Eines Tages wurde Vater Gens das Haus zu klein. Es musste mehr Platz her, so konnte das nicht weitergehen. Vor dem Zweiten Weltkrieg hatte das Haus nämlich noch vier Etagen, danach nur noch zwei. Also gingen Josef und Heinz in den Keller, hatten Spitzhacke und Schaufel dabei, und legten los. Das Haus sollte aufgestockt werden, aber dafür mussten sie erst mal in den Keller, denn das Fundament des Hauses musste ausgebaut werden, damit unter der Aufstockung nicht alles zusammenbrach. Hatte ihnen ihr Architekt so erklärt. Logisch. Und sie hatten Bock, das alles selbst zu machen. Ist ja auch schön. So ein Familienprojekt.

Und wie die Brüder da so werken und hacken und hämmern im Keller, da entdecken sie nach einiger Zeit etwas: Der Keller ist schon um die drei Meter ausgehoben, da stoßen sie auf alte, große Steinquader. Erst sehen die fast ein bisschen unspektakulär aus, aber als sie sie umdrehen, entdecken sie ein Relief, dass den Gott Pan zeigt, den Gott des Waldes, der Ziegenhirten und Schäfer. Das ist natürlich wahnsinnig aufregend. Das Relief könnte der Hinweis auf ein römisches Grab sein. Und wem würde man so einen Fund wohl melden, wenn man in Köln lebt? Na? Ahnen Sie es? Genau: dem Römisch-Germanischen Museum, klar. Wem sonst?

Auch im Römisch-Germanischen Museum ist man zunächst recht aufgeregt ob des Fundes. Die Brüder kriegen die Genehmigung, noch zwei weitere Quader freizulegen. Aber dann beschließt man, das doch eher den Profis zu überlassen, und verhängt ein Grabungsverbot. Das ist das, was weiter oben schon erwähnt wurde, was Bauherren und -damen so »lieben«. Die Brüder Gens bieten der Stadt an, die Grabung selber weiterzuführen, so professionell wie möglich. Sie sind ja sowieso schon dabei und haben bereits bei drei Quadern bewiesen, dass sie die nötige Sorgfalt an den Tag legen. Aber Ämter sind manchmal nicht sehr entscheidungsfreudig und flexibel und spontan, und so tut sich erst mal monatelang gar nichts in Gensens Keller mit dem Römergrab. Überhaupt nichts.

Josef und Heinz haben da keinen Bock drauf. Sie akquirieren ein Team aus ihrem Freundeskreis mit Statikern, Technikern und Studenten aus verschiedenen Fachrichtungen und planen die Ausgrabung. Dabei legen sie den Ein- und Ausgang zur Grabungsstätte so an, dass man ihn nicht sieht, wenn man in den Keller geht. Da immer wieder Leute von der Stadt zur Inspektion vorbeikommen und überprüfen wollen, ob sich tatsächlich an das Grabungsverbot gehalten wird. Aber die ahnen nichts,

Das MiQua-Projekt: Im Archäologischen Quartier am Rathaus entsteht das LVR-Jüdisches Museum.

weil alles so gut versteckt ist. Selbst vor ihren Eltern halten sie die Grabung geheim, wie auch immer sie das geschafft haben – im selben Haus. Die Brüder und ihr Team legen derweil unter Leitung eines jungen Archäologen einen unterirdischen Stollen an. Ein kleines Bergwerk, das bis zu neun Meter tief reicht. Und das statisch einwandfrei ist. In zwei Jahren bergen sie so über 70 (siebzig!) Quader des Grabmals. Und gehen 1967 damit an die Presse. Die Resonanz ist weitaus größer als gedacht. Sogar die »New York Times« berichtet über die Brüder. Und als sie sich von der Stadt versichern lassen, dass die Statik ihres Bergwerks hervorragend ist, eröffnen sie ihr eigenes kleines, privates Römer-Museum.

Drei Jahre später verkaufen sie den Grabfund an das Römisch-Germanische Museum, wo das Grab direkt neben dem schon erwähnten Mosaik ausgestellt wird, weil es nicht minder sensationell ist. Der Entdecker des Reliefs, Josef Gens, ist übrigens bis heute der Überzeugung, dass die Quader im Museum falsch zusammengestellt sind. Das ist eigentlich meine Lieblingspointe.

Aber da sieht man, wie weit die Liebe der Kölschen zu ihren Römern geht. Es ist so aufregend, was von ihnen zu finden, dass man im Zweifel einfach selber weitergräbt, bevor es niemand macht.

Daran merkt man doch sehr gut, was für ein inniges Verhältnis die Kölschen zu ihrer eigenen Stadtgeschichte, zu ihren Urvätern haben. Das kennt man so vielleicht höchstens noch aus Düsseldorf. Ja, wirklich. Da hat man den Eindruck, wenn man mit denen spricht, dass die ihren Urvätern sogar sprachlich nacheifern wollen, so gut es geht. Dort im Neandertal. Spaß!

»Köln – das römischste Rom außerhalb Roms!«

Normalerweise sollte man meinen, dass in Köln jetzt also den ganzen Tag irgendwelche Typen im Römerkostüm vor dem Dom für Fotos bereitstehen, so wichtig wie die Römer für die Stadtgeschichte nun einmal sind. So wie Micky Maus vor dem Brandenburger Tor (fragen Sie nicht, ich hab keine Ahnung, warum die da steht, aber sie steht da, und die Leute machen Fotos mit ihr). Aber nix ist! Kein Römer weit und breit zu zu sehen. Es ist fast so, als würden die Kölschen nicht so gern mit dieser ganzen Römersache werben und eher nur auf den Dom und vielleicht noch auf 4711 setzen. Aber meine Damen, meine Herren, das ist doch total beknackt!

Gut, den Titel »Älteste Stadt Deutschlands«, den haben wir Trier über-lassen, da wollen wir mal nicht so sein (obwohl es mittlerweile Stimmen gibt, die sagen, dass das schon eher Köln wäre, weil hier auch aus der ersten Siedlung die Stadt entstand, während in Trier die erste Siedlung erst verschwand und dann danach dort die Stadt gebaut wurde – aber eben nach Köln). Den holen wir uns jetzt nicht zurück. Aber Köln war die größte römische Stadt, mit 20 000 Einwohnern (15 000 in der Stadt und noch mal 5000 im Umland, also vermutlich in Wesseling), was da-mals übertrieben viel war. Da kann man sich dann doch was drauf ein-bilden, meine ich. Zumindest kann man was draus machen, auch in der Außenwirkung. Keine Ahnung, was alles.

Zum Beispiel: ein Römerfest, einmal im Jahr, bei dem alle in einer Toga rumlaufen müssen und Wein trinken, mit Konzerten und Spielen, also Gladiatorenkämpfe und so. Wie geil wäre das! Die ganze Welt würde es lieben! Dann einen virtuellen Römerweg durch die Stadt, vielleicht auch mit so Augmented-Reality-Zeug, dass man die römischen Gebäude in Gänze mal da stehen sieht, wo sie standen. Dann die Videospiele-Firma Ubisoft dazu überreden, einen Teil ihrer »Assassin's-Creed«-Reihe im römischen Köln spielen zu lassen. Solche Sachen. Vielleicht kann man auch einen kleinen Römer zu einem Stadtmaskottchen machen. Und dann nennt man ihn Cäsi oder so. Aber diese reiche Historie so liegen zu lassen und nur für die interessant zu machen, die sie sowieso interes-siert, das geht nicht mehr, das lassen wir jetzt.

Köln war Römerstadt, ist Römerstadt und wird für immer Römerstadt bleiben. Auch hier wieder ein Slogan-Vorschlag fürs Stadtmarketing: »Köln – das römischste Rom außerhalb Roms!« Mir gefällt's!

Das Severinstor am Chlodwigplatz ist eines von den vier Stadttorburgen.

Was und wo?

Römisch-Germanisches Museum
Gleich neben dem Dom und berühmt für sein fantastisches Mosaik, auf das es gebaut wurde: ein altes, römisches Dionysos-Mosaik, toll erhalten.
• Roncalliplatz 4, 50667 Köln
  www.roemisch-germanisches-museum.de

Praetorium
Überreste eines riesigen römischen Statthalterpalastes aus dem 4.

Jahrhundert, die unter dem Kölner Rathaus anzugucken sind.
• Kleine Budengasse 1–3, 50667 Köln
  www.museenkoeln.de/archaeologische-zone

Severinstorburg
Auf Kölsch auch »Vringspooz« genannt, eine von vier erhalten gebliebenen Stadttorburgen der mittelalterlichen Kölner Stadtmauer – und älter als der Dom. Die anderen drei heißen: Eigelsteintor, Hahnentor und Ulrepforte.
• Chlodwigplatz, 50678 Köln

TIPPS

WEITERE KURZTRIPS IN DIE VERGANGENHEIT

4711-Haus
In dem Haus gegenüber dem Dom sprudelt ein 4711-Brunnen. Ja, ein Parfum-Brunnen, in der Tat. Und ich liebe es, dort ein bisschen länger zu verweilen und den Omas zuzusehen, wie sie ihre Taschentücher in 4711 tunken oder auch schon mal ein Schlückchen des Duftwassers trinken. Das schmeckt nicht lecker, aber das tut Medizin ja gemeinhin nicht. Wer sich dieser Mutprobe nicht stellen will, dem sei trotzdem

empfohlen, mal kurz in den Brunnen zu dippen. Weil einfach, ach, Leute: ein Parfum-Brunnen! Was soll man denn seinen Liebsten sagen, wenn man ihnen erzählt, man habe einen Parfum-Brunnen gesehen, und die fragen dann: »Und, hast du mal reingefasst?« Und man muss dann antworten: »Nee, hab ich irgendwie vergessen …« Das darf nicht passieren. Also: hopp!

• Glockengasse 4, 50667 Köln
  www.4711.com

TimeRide

Seltsam, aber auch ein bisschen cool ist: eine virtuelle Stadtrundfahrt durchs historische Köln, der TimeRide. Man kriegt so eine Virtual-Reality-Brille auf, und dann geht es auch schon in einer nachgebauten Straßenbahn los. Die Rides wechseln immer wieder, es ist aber auf jeden Fall stets historisch. Und ganz süß gemacht. Ist mal was anderes.

• Alter Markt 36–42, 50667 Köln
  www.timeride.de/koeln

Modernisierte Innenräume im 4711-Haus – hier wurde die Marke 4711 erfunden.

DUIS VUITTO

Weiberfastnacht – für einen Tag wurde den Frauen einst die Macht zugestanden (leider nur einen). Noch heute feiern sie sich und ihre selbst geschneiderten Kostüme.

9

Endlich Karneval

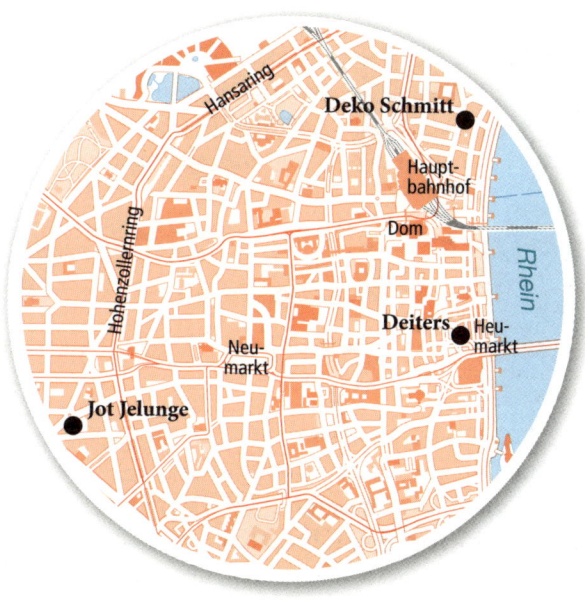

Rheinischer Frohsinn von Weiberfastnacht bis zur Nubbelverbrennung, womit dann alle Sünden der Welt gebüßt sind.

»Wann Godd d'r Düvel läd zom Ball, dann es en Kölle Karneval«*

Boah, endlich! Ich habe lang versucht, um dieses zentrale Thema herumzureden, weil ich nichts vorwegnehmen wollte, aber wir begeben uns jetzt ganz, ganz tief in die kölsche DNA. Wir sprechen nämlich über Karneval. Und es gibt wohl kaum Kölsche, die nicht irgendwann über die schönste Zeit im Jahr reden mögen.

Und es ist die beste Zeit des Jahres. Karneval ist ein Mindset, von dem die ganze Stadt befallen ist. Wer tatsächlich keine Freude an den tollen Tagen haben sollte, verlässt lieber die Stadt, denn man kann ihnen nicht entgehen. Das ist in Ordnung, da sind wir supertolerant.

Nun hat man es als Kölner in der Fremde oft nicht so leicht, wenn man sich nicht nur als begeisterter Rheinländer, sondern auch als Karnevalsfan outet.

»Da sind doch alle nur besoffen!«, »Das ist ein kollektives Besäufnis, mehr nicht!«, »Das war früher mal schön, aber das ist jetzt nur noch Kommerz«, »Das ist so deutschtümelnde Vereinsmeierei«. Ich könnte ewig so weitermachen. Meistens lass ich die Leute, die sofort so loswettern. Ich muss ja niemanden überzeugen, der nicht überzeugt werden will. Da bin ich wirklich sehr gelassen.

Rheinischer Frohsinn – eine Wunderwelt

An Karneval steht die ganze Stadt Kopf. Und das ist auch in Ordnung so, das ist verabredet. Das haben wir quasi von klein auf gelernt. Was ich am

---

* »Wenn Gott den Teufel lädt zum Ball, dann ist in Köln Karneval«

Karnevalsjecken in Aktion – natürlich mit einem Kölsch in der Hand.

ersten Tag, also an Weiberfastnacht, immer besonders aufregend fand, war, wenn mein Vater aus dem Büro nach Hause kam, weil der dann immer eine abgeschnittene Krawatte hatte. Er hatte ein Extra-Krawatten-Fach für Weiberfastnacht, in dem er die besonders »schönen« Exemplare aufbewahrte. Nur um dann im Büro jedes Jahr wieder überrascht zu tun: »O nein, ihr könnt mir doch nicht die Krawatte abschneiden!«, so in etwa. Da habe ich als Kind schon kapiert, dass sich hier alle verabreden, besonders viel Quatsch zu machen. Besonders freudlose Zeitgenossen mögen das »Selbstbetrug« nennen, ich nenne das »glauben«. Und wirklich: Das Leben ist ein deutlich schöneres, wenn man sich gelegentlich darauf einlässt, Sachen einfach zu glauben. Insbesondere wenn es um nix Wichtiges geht. Für Ratio ist ja dann ab Aschermittwoch wieder das ganze Jahr Zeit.

Die andere sehr wichtige Sache an Karneval ist natürlich der Zug, beziehungsweise »Zoch«. Der Rosenmontagszug ist dabei die Königsdisziplin, aber bei weitem nicht der schönste Zug. Zumindest nicht der geselligste. Oder sagen wir mal so: Der Rosenmontagszug in Köln ist in den letzten Jahren recht kategorisch dem Fußvolk weggenommen worden. Zu viele Interessensgruppen wollten ihr Stück vom Zoch abhaben, und dazu haben vor allem zwei Entwicklungen beigetragen:

1. Der Zoch hat jedes Jahr traditionell seine Richtung gewechselt. Mal ging er in der Südstadt los, an der Severinstraße, im Jahr drauf endete er an der Stelle. Und so hat sich das immer abgewechselt. Bis sich der WDR gemeldet hat. Die haben dann gesagt:»Nee, Leute, so geht das nicht. Wenn der Zoch in der Südstadt endet, dann müssen wir am Dom gegen die Sonne filmen, das sieht scheiße aus.« Und da haben die Zochleiter gesagt:»Alles klar, machen wir so.« Was so schade war! Es war so schön, wenn dieser gigantische, schier endlose Zoch mitten in der Stadt endete. Mit Karnevalsgruppen, die sich erschöpft, aber glücklich einfach vom Wagen in die nächste Kneipe haben fallen lassen. Alles vorbei. Weil beim WDR anscheinend keiner weiß, wie man eine Kamera anders hinstellen kann. Na ja. Gibt aber noch einen Grund.

2. Tribünen. Der Rosenmontagszug ist ja quasi das Sahnehäubchen des Straßenkarnevals (den man als Gegenstück zum Vereinskarneval begreifen muss). Da trifft man sich ab zirka 10 Uhr, und da wird früh Kölsch getrunken und den ganzen Tag rumgestanden und gesungen und gelacht. Nun ist der Zugweg recht lang, schlängelt sich durch die ganze Innenstadt und bietet viel Platz. Um die herrlichen Wagen zu sehen, die tollen Fußgruppen und um zu den Kapellen zu tanzen, die den Zoch begleiten. So geht Samba in Kölle. Dabei gab es schon immer Tribünen für die Reichen und Wichtigen und Schönen der Stadt. Alles um den Dom herum war bestückt mit provisorischen Treppenaufgängen, zu denen man nur Zutritt bekam, wenn man eingeladen war.

In den letzten Jahren hat sich aber dieses Tribünen-Zeug wohl als relativ lukrativ herausgestellt, und so wurde der Platz, den die Tribünen einnahmen, immer größer und größer und größer. Plötzlich war die Innenstadt zugepflastert mit VIP-Tribünen. Das ist so schlimm geworden, dass man die Orte, an denen man noch normal stehen kann, mit der Lupe suchen muss.

Das Karnevalskaufhaus Deiters, so groß, dass man vorne und hinten rein- und rausgehen kann.

Jedem sein Zoch

Dennoch ist es eine unbedingte Empfehlung, einen Zoch mal zu erleben. Es gibt in Köln die Veedelszöch, das sind kleine Züge, die nur durch die jeweiligen Stadtteile (die Veedel) gehen. Da sind dann die Schulen und Kindergärten aus den Stadtteilen dabei, die Karnevalsgruppen und wer es sonst noch so in den Zug geschafft hat. Meistens kommt am Ende dann noch der lokale Prinz. Klar. Jedem Viertel seinen Prinz. An diesen Zügen gibt es kaum Tribünenplätze (hab ich zumindest nicht gesehen), und es herrscht eine sehr familiäre Stimmung, weil die meisten Leute am Straßenrand irgendwen kennen, der oder die da mitläuft. Die Züge gehen meistens am Veilchendienstag. Im Kölner Umland gehen viele Züge auch Karnevalssonntag. Meine Eltern leben in einem kleinen Dorf in der Eifel, in das ich zu Karneval immer fahre. Sie machen dann ein Karnevalsbüffet mit Frikadellen, Käsebrötchen und Quarkbällchen und laden Freunde und Familie ein. Und dann warten wir zusammen auf den Zug. Der besteht in der Regel aus zirka fünf Wagen, die sogar zweimal am Haus vorbeilaufen. Trotzdem hat man danach drei Beutel voll Süßigkeiten, wenn die wieder weg sind.

Dazu sei mir eine kleine Anekdote erlaubt: Meine Tochter ist in Berlin aufgewachsen. Nun tat es mir in der Seele weh, dass sie dort nur sehr, sehr wenig kölsche Kultur mitbekommt. Es gab mal einen rheinländischen Karnevalszug durch Berlin, aber der kam bei der hiesigen Bevölkerung eher so semi-gut an. Also habe ich sie zur Karnevalszeit immer aus dem Kindergarten und der Grundschule genommen und mit nach Köln. Beim ersten Mal sind wir zu einem Veedelszoch gegangen, der vor dem Haus meines Kumpels in Bickendorf entlangging. Sie hat zwar von den Zügen gehört, aber noch nie einen in echt gesehen und war entsprechend aufgeregt. Sie war als Prinzessin kostümiert und ich als Drache. Mussten ja irgendwie zusammenpassen. Dann standen wir am Zug und sahen den ersten Wagen nahen. Ganz langsam. Und ich hab ihr die goldene Regel erklärt: »Wenn die bei uns sind, musst du ganz laut ›Kamelle‹ rufen! Dann kriegst du Bonbons.« Die Anweisung war klar, sie nickte mir zu. Der Wagen kam näher. Ihr Blick starr auf die Karnevalisten gerichtet, die sich darauf befanden. Als der Wagen auf unserer Höhe war, verließ sie der Mut. Dieser Plan von Papa, der schien doch irgendwie komisch. Warum sollte sie jetzt so ein seltsames Wort rufen? Wie peinlich war das denn? Mir war klar, hier hilft nur Schocktherapie. Der Wagen war noch auf unserer Höhe. Ich sag zu ihr: »Pass auf, ich mach dir das jetzt einmal vor, ja?« Sie nickte. Ich rief »Kamelle!« und mit einem Rumms wurden wir überschüttet mit Süßigkeiten. Am Zoch war viel Platz, wir standen quasi alleine und sahen vermutlich sehr niedlich aus. Das sorgte für eine Süßkram-Lawine. Und da löste sich auch jede Skepsis aus dem Gesicht meiner kleinen Prinzessin: »Papa! Die werfen hier ja wirklich mit Süßigkeiten!« rief sie, während wir unsere Beutel vollstopften. Für den Rest des Tages rief sie voller Inbrunst: »KAMELLE!« Und das meine ich: Wie toll ist es, als Kind verkleidet sein zu müssen und dann auch noch mit Süßigkeiten beworfen zu werden?!

Startschuss Weiberfastnacht
Der erste Tag, Weiberfastnacht, ist einer der wildesten – klar, am Anfang übertreiben immer alle, bis es sich dann einpegelt hat für die kommenden Tage.

> *Weiberfastnacht ist der Startschuss zum Straßenkarneval, und ganz Köln ist auf den Beinen, um zu demonstrieren, wie sehr alle das ganze Jahr ohne Karneval gedarbt haben.*

Die Kostüme sind noch frisch und sauber und komplett. Jede und jeder ist zutiefst motiviert, und alle haben einen Plan für den Tag. Man hat sich ausgesucht, wo man »auf jeden Fall« hinmuss, wo noch »vielleicht« und wo man gar nicht hinwill. Es wird sich getroffen, zusammen telefoniert, aufeinander gewartet. Vielleicht schon mal ein erstes Kölsch, ein deftiges Frühstück – am besten Metzgerbrötchen und Halve Hahn – als »Grundlage« und schon mal ein paar Lieblingslieder zum Einstimmen hören. Um das Phänomen Karneval zu erfassen, rate ich Leuten immer, an Weiberfastnacht in die Parfümerie-Abteilung eines großen Kaufhauses zu gehen. Die Geschäfte haben an dem Tag nur bis 13 Uhr auf und Frauen haben – laut Weiberfastnachtsregeln – »Narrenfreiheit«. Dort dann zwischen Davidoff Cool Water und Chanel N° 5 von einer Biene und einer Teufelin einen Eierlikör angeboten zu bekommen, während sie gut gelaunt mitsingen, was aus ihrem Kassettenrecorder scheppert, ist für mich die absolute Essenz von Karneval. Alles ist möglich an diesen Tagen in dieser Stadt.

Horst Lichter oder Elton John?

Und man kann sein, was oder wer man schon immer mal sein wollte. Dabei sind meine Kostüme meistens von einer aufrichtigen Bewunderung geprägt, aber ich denke auch mitunter praktisch oder lasse mich von einem Gag leiten. Ein Kostüm, das all diese Punkte erfüllt hat, war »Horst Lichter in ›Bares für Rares‹«. Es war praktisch, weil es schön warm war. Ich finde den Typen super, und trotzdem war es sehr witzig. Statt der »Händlerkarte« habe ich mir »Wendlerkarten« gedruckt und an Leute verteilt, denen mein Kostüm gefiel. Einmal bin ich als Skilehrer gegangen, mit Sonnenbrillen-Abdruck unter der Pistenbräune und weiß geschminkten Lippen. Da war die Jacke natürlich super – bis man irgendwo reingegangen ist. Ich hatte noch so eine Jethose an, das wurde schnell warm. Ein anderes Jahr ging ich als Roboter. So ein sehr eckiger, in mit Alufolie beklebten Kartons. Und klaren Anweisungen auf meinem Körper wie »Bitte Schabau (kölsch für »Schnaps«) einfüllen« oder »Bitte den Roboter regelmäßig bützen (kölsch für »küssen«)«. Aber das hab ich auch sehr bereut, als ich in die erste volle Kneipe kam. Da merkt man dann doch, wie doof so ein sperriges Kostüm sein kann.

In dem Jahr, als ich als »Elton John auf Abschiedstournee« gegangen bin, habe ich quasi jeden Abend meine Federboa verloren (und mir jeden Tag eine neue geholt: in dem legendären Karnevalsladen Deko Schmitt unweit des Kölner Hauptbahnhofs), aber das war absolut in Ordnung. Bei dem Kostüm hatte ich einen kleinen Lautsprecher in der Tasche, so groß wie ein Ei, auf den ich ein paar Elton-John-Lieder als Piano-Karaoke-Version geladen hatte, sodass ich, wenn wir zwischen

Meine Kostüme sind meist von aufrichtiger Bewunderung geprägt – Hutprobe im Deiters.

zwei Kneipen wechselten, einen kleinen »Rocket Man« oder ein »Your Song« schmettern konnte. Und ich hatte mir sogar extra Elton-John-Autogrammkarten mit mir drauf drucken lassen, die ich fröhlich verteilte. Was sogar ganz praktisch war: Am Freitag, dem zweiten Karnevalsabend, bin ich mit einem meiner besten Freunde losgezogen. In einem Laden standen wir am Tresen, und ich dachte so bei mir, dass es mir dort wirklich gut gefällt und dass ich hier öfter herkommen sollte. Mein Kumpel kannte den Wirt, und sie sind sofort ins Gespräch gekommen. Dann wurde uns frisch gezapftes Kölsch serviert. Als der Wirt mich sah, strahlte er. »Elton!«, rief er. Und ja, ich freue mich immer, wenn mein Kostüm erkannt wird. Aber hier gab es eine kleine Hilfestellung: Der Wirt drehte sich um, zur Wand an der Bar. Da waren nur ein paar Regale für den Schnaps, aber an einer Säule, ganz einsam und prominent, prangte sie: Meine Elton-John-Autogrammkarte. Ich hab sogar als Elton John unterschrieben. Und damit war klar: Ich muss am Vorabend schon mal dagewesen sein. Das ist doch praktisch, wenn man das so erfährt. Irgendwann mache ich mal wieder ein Superstar-Kostüm. Beim letzten Karneval bin ich als Liberace gegangen, mit Umhänge-Klavier. Das habe ich aber auch am ersten Tag verloren, jedoch nicht wieder neu gemacht, weil es ganz schön unpraktisch war. Man muss in den richtigen Momenten auch loslassen können.

»Walk of Shame«

Das ist übrigens auch etwas, das einen Karneval lehrt: Vielleicht findet man sich wieder, wie man mit dieser Meerjungfrau schunkelnd nebeneinander auf der Fensterbank steht und gemeinsam Lieder singt, oder diese bärtige Heidi schmiegt sich gedankenverloren an einen, im Gedrängel der Kneipe. Vielleicht gibt es einen flüchtigen Kuss, und vielleicht ist man in dem Moment so verliebt, wie man es nur als Teenager kannte. Das ist in Ordnung, und das gehört unbedingt dazu. Karneval ist ein bisschen das Fest der Liebe, aber vor allem das Fest des Sich-Verliebens. Man kann sich den ganzen Tag in Dutzende Menschen verlieben. Das ist toll. Und das sollte man auch unbedingt machen. Man muss aber auch merken und wissen, wann gut ist, und dann weiterziehen. Das ist doch fantastisch, dass man diesen dramatischen Dreiklang aus »sich verlieben – sich kurz haben – sich schnell wieder trennen« hier im Schnelldurchlauf durchleben kann. Trauen Sie sich ruhig. Es ist wunderschön.

Gut, manche können an so einem Abend dann doch nicht loslassen und wachen am nächsten Morgen in einer für sie fremden Umgebung auf. Da muss man sich erst einmal orientieren, die Klamotten wieder zusammensuchen, sich für den schönen Abend bedanken, aus dem Haus gehen und gucken, wo man überhaupt ist, bevor man den morgendlichen Heimweg antritt. Und das ist, vor allem am Morgen des Karnevalsfreitags, auch herrlich. Dieser »Walk of Shame«, bei dem alle noch ihre lädierten Kostüme anhaben.

Das ist so herzerwärmend lustig, jemand im ramponierten Kostüm die Straße entlanglaufen zu sehen, wie er sich zum Bäcker schleppt, für einen ersten Kaffee.

Und man muss nur grinsend zunicken, denn wir wissen alle Bescheid. Mir ist das sicher auch schon passiert, und ich musste dann immer irgendwann lachen, weil es so wunderbar bescheuert ist. Die Stadt läuft am Freitag geschäftlich relativ normal, und dann dazwischen so ein verkatertes Einhorn zu sehen – dieser »Walk of Shame« ist wie Glitzerstreusel für die Stadt. Zwar Glitzerstreusel mit einer fiesen Fahne, aber immerhin Glitzerstreusel!

Puppenverbrennung – und alles ist vorbei

Wenn man das also alles hinter sich gebracht hat. Weiberfastnacht in der Parfümerie, Polonaise in der Motorradbar, Kamelleflut am Zoch und ein aufgebrauchtes Federboa-Budget, hat man nur noch eine einzige Sache vor sich: die Nubbelverbrennung. Der Nubbel ist eine Strohpuppe, die über dem Eingang mehrerer Kneipen hängt. Der Nubbel sieht alles. Er guckt uns die ganze Zeit zu, was wir machen, was wir nicht machen, wie wir uns danebenbenehmen. Er richtet nicht, aber er schaut zu. Und das ist auch wichtig und richtig und gut so. Denn am letzten Abend, am Karnevalsdienstag, kurz vor Aschermittwoch, da wird der Nubbel dann von einer Prozession aus Jecken und falschen Geistlichen zu Grabe getragen. Und es wird eine letzte Rede auf den Nubbel gehalten, in der der Nubbel für all unsere Sünden und die Sünden der ganzen Welt büßen muss. Oft reimt sie sich – zumindest, wenn sich die Macher Mühe gegeben haben. Und dann wird immer wieder gefragt, wer Schuld hat an all unseren Sünden, und die Leute rufen dann: »Der Nubbel hat Schuld!« Und am Ende wird der Nubbel verbrannt und mit ihm alle Sünden, die an Karneval begangen wurden. Der Nubbel opfert sich für uns. Manch tollkühne Jecken springen dann noch über den brennenden Nubbel.

Ein wohl melancholischer Prinz am Rhein – denn am Aschermittwoch ist alles vorbei.

Aber nachdem ich einmal mitangesehen habe, wie zwei Leute, die aus jeweils unterschiedlichen Richtungen losliefen, sich über den brennenden Nubbel die Köpfe gestoßen haben, nehme ich von diesem speziellen Brauch lieber Abstand. Dennoch: Eine starke Nubbelverbrennung ist sehr andächtig und sehr schön. Meistens singen die Menschen dann noch zusammen »Am Aschermittwoch ist alles vorbei«, und danach löst sich die Menge auf. Ein paar gehen noch ein letztes Mal in die Kneipe, andere nach Hause. Und am Ende bleibt ein kleines Häufchen Asche auf dem Gehweg übrig. Damit ist die Session wirklich endgültig vorbei. Ach, da werd ich ja schon fast traurig, nur wenn ich das schreibe.

Das Dreigestirn und der Vereinskarneval

Ach ja, das muss hier auch noch dringend erklärt werden, für alle, die Karneval nicht kennen: Was man im Fernsehen sieht, diese Sitzungen, das ist zwar auch Karneval, aber ein anderer. Das ist der Vereinskarneval. Da muss man dann fast wie beim DFB-Pokal sagen: Der Vereinskarneval hat seine eigenen Regeln.

Das Dreigestirn zum Beispiel: Prinz, Bauer und Jungfrau, seit jeher nur männlich besetzt. *Not very much* 21. Jahrhundert, aber man hält dort gern die Traditionen hoch. Und das ist tatsächlich ein Act, in diese Position zu kommen. Das kostet. Wer sich um einen Platz im Dreigestirn bewirbt, muss aber nicht nur blechen, er muss auch Mitglied in einer der großen Karnevalsgesellschaften sein – und im eigenen Verein genug Mitglieder hinter sich versammeln, damit die auch für einen stimmen. Das bedeutet, jede Menge Essen schmeißen und sich beliebt machen. Hat man das geschafft, kann die Karnevalsgesellschaft ihr Dreigestirn beim Kölner Festkomitee vorstellen. Das ist wie eine Bewerbung auf einen Job. Das FK beschließt dann, welches potenzielle Dreigestirn sie am besten finden. Danach geht der Stress fürs Dreigestirn aber erst richtig los: Man hat dann von September bis zum Ende der Session eigentlich keine Freizeit mehr, sondern nur noch Pflichttermine. Das muss man also wirklich wollen. Das ist dann kein Spaß mehr. Man muss sich dafür wirklich nur eine x-beliebige Karnevalssitzung angucken: Klar, da sieht man artistische Höchstleistungen der Funkemariechen, und da spielen auch mal die Fööss oder die Höhner, aber das ist doch nicht lustig. Da läuft alles nach Protokoll, sogar der Tusch. Diese Uniformen der Karnevalsgesellschaften, die hatten den historischen Zweck, sich über die Preußen und deren Militär lustig zu machen. Aber jetzt ist man selbst preußischer als der Papst. Oder päpstlicher als die Preußen. Egal. Jedenfalls stocksteif.

Übrigens wird Ihnen jeder, wirklich jeder Mensch, der aus Köln kommt und der in den 70er- und 80er-Jahren schon aufnahmefähig war, antworten, wenn Sie auf den Sitzungskarneval zu sprechen kommen: »Ja, das ist alles langweilig. Aber das Colonia Duett! Das war super! Dafür haben sich die Sitzungen schon gelohnt!« Und dann wird Ihnen in den meisten Fällen noch »Zimmermann, du Ei!« hinterhergerufen, auch wenn Sie nichts mit diesem Ausspruch anzufangen wissen. Und in der Tat: Das Colonia Duett war zu Recht eine absolute Legende. Lustiger war kaum etwas auf den Sitzungen, als dieser kleine Mann mit der Mandoline und der große mit der Gitarre. Die sich kabbelten und zankten, bei denen der Kleine den Großen immer wieder hinters Licht führte, quasi die kölschen Laurel und Hardy, bis sie dann am Ende ein gemeinsames Lied mit schönstem zweistimmigem Gesang intonierten, begleitet auf ihren jeweiligen Instrumenten. Das war Meisterklasse. Aber die gibt's nicht mehr, und es scheint kein adäquater Ersatz zu existieren. Karnevalssitzungen muss man also nicht unbedingt gesehen haben. Gut, irgendwann, um diese Piefigkeit zu brechen und vorzuführen, bildete sich ein Alternativ-Karneval in Köln, dessen mittlerweile größte Veranstaltung die »Stunksitzung« ist (normale Karnevalsvereine feiern immer »Prunksitzungen«, daher der Name). Wer zu den Stunkern will, der muss früh aufstehen: Die Tickets für die an ungefähr 50 Tagen stattfindende Sitzung sind meistens in Minuten ausverkauft. 50 000 Tickets. Das ist nun wirklich keine kleine Indie-Veranstaltung mehr. Aber trotzdem noch sehr charmant. Und die Hausband heißt übrigens »KÖBES Underground«.

Unbedingt erwähnt werden sollte hier noch die Rosa Sitzung, die große Sitzung des queeren Karnevals. Die Präsidentin war (die von mir heiß geliebte und innigst verehrte) Hella von Sinnen. Zehn Jahre lang gab es diese besonders schöne und für Köln wichtige alternative Karnevalssitzung. Bis der WDR 2004 entschied, am falschen Ende sparen zu müssen und der Rosa Sitzung damit die Finanzierung entzog. Das Orga-Team macht aber bis heute weiter, wenn auch im kleineren Rahmen. Deswegen heißt ihre Veranstaltung jetzt auch die »Röschen Sitzung«. Schlussendlich lässt sich sagen: Karneval ist ein ganz besonderer Katalysator.

Karneval ist eine Art Schocktherapie für die Stadt, die gerade aus dem Winterschlaf erwacht ist, wenn die tollen Tage losgehen.

Und so ein Fest zu haben, so eine »fünfte Jahreszeit«, das macht etwas mit einer Stadt und ihren Bewohnern. Wie viel entspannter lässt es sich leben, wenn man weiß, dass es ein Datum gibt, an dem man alles abschütteln kann, an dem man die ganze Stadt umarmen kann und von ihr dafür zurückumarmt wird? Karneval ist die feinste Psychohygiene, die man sich vorstellen kann. Und seitdem ich das weiß, fällt mir erstmals auf, wie gut das vielen anderen Städten tun würde.

Noch ein kleines Gedankenspiel, dass mich nicht mehr loslässt: Der Brauch will es, dass das Dreigestirn das Rathaus und damit auch die Amtsgeschäfte für die Zeit zwischen Weiberfastnacht und Aschermittwoch vom Bürgermeister übernimmt. Nun stellen wir uns aber mal vor, in der Zeit würde etwas passieren, was sofortiges bürgermeisterliches Handeln erfordern würde. Keine Ahnung was, zum Beispiel die Düsseldorfer Landesregierung will einen Hubschrauberlandeplatz auf dem Dom installieren. Lachen Sie nicht, diesen Düsseldorfern ist alles zuzutrauen. Dann müsste das Dreigestirn die Sache regeln, das stelle ich mir irre komisch vor:

Prinz, Bauer und Jungfrau

Prinz: Hör mal, Udo.

Bauer: Bauer Udo, so viel Zeit muss sein, Prinz Willi. Hat mich einiges gekostet, der Spaß.

Prinz: Gut, Bauer Udo, hör mal zu: Die Düsseldorfer ...

Jungfrau: Hat hier gerade jemand Düsseldorf gesagt?

Prinz: Die wollen einen Hubschrauberlandeplatz bauen. Auf dem Dom! Schon morgen!

Bauer: Schon morgen? Das geht doch nicht!

Jungfrau: Die Bürgermeisterin soll das verhindern!

Prinz: Kann sie nicht! Wir sind doch gerade die Bürgermeister! Noch bis Mittwoch!

Jungfrau: Oh. Scheiße. Stimmt ja. Aber ich bin doch nur Kfz-Meister!

Bauer: Ja, ich bin ja auch nur Metzger! Aber wir müssen was tun!

Prinz: Klar. Und was?

Bauer: Äähhh ...

Jungfrau: Öööööh ...

Prinz: Ich hab's! Wir schmieren das ganze Dach vom Dom mit Seife ein, dann ist das viel zu rutschig, und die können da die Tage nicht bauen. Und wenn es wieder geht, sind wir sowieso wieder hier raus.

Bauer: Das ist …

Jungfrau: … genial! So machen wir das!

Prinz: Puh, das war echt knapp. Gut, dass wir so ein gewitztes Dreigestirn sind.

Bauer: Ja! Aber Bürgermeisterin sein scheint mir jetzt nicht so schwer, wenn das immer so geht.

Jungfrau (am Telefon): Ja, hören Sie, Sie müssen bitte das ganze Dach des Doms mit Seife einreiben. Ja, noch heute. Nein, die Marke ist egal. Wirklich. Äh, nein, ich will Sie nicht verarschen? Hallo? Haaaallo? Aufgelegt, na so was.

Was und wo?
Karnevalssitzungen

Röschen Sitzung

Queere Karnevalssitzung, die für immer gute Stimmung sorgt und ein Zeichen setzt in der manchmal etwas zu ernsten Welt des Karnevals.

- Kulturbunker Mülheim e.V., Berliner Straße 20, 51063 Köln
  www.roeschensitzung.de

Stunksitzung

Alternative Karnevalssitzung mit Kabarett-Auftritten, die sich allein schon durch ihren Namen (»Stunk« kommt von Gestank) vom organisierten Sitzungskarneval absetzen möchte.

- E-Werk, Schanzenstraße 37, 51063 Köln
  www.stunksitzung.de

TIPPS

DIE DREI WICHTIGSTEN KOSTÜMLÄDEN IN DER KÖLNER INNENSTADT

Deiters

Der Mainstreamladen: Unweit des Alter Markts, zwischen Heumarkt und Gürzenich, ist der riesige Kar-

nevalsladen vom Deiters. Der Laden ist so groß, da kann man hinten und vorne rein. Da gibt es auch
die meisten Sachen, die der durch-
schnittliche Karnevalist so haben
will und braucht. Ein Karnevalskaufhaus. Die Preise sind gut, die
Verkäuferinnen freundlich. Alles ein
bisschen Stangenware, aber das
macht einen leidenschaftlichen
Karnevalisten ja aus, das so zu
kombinieren, dass es wieder einzigartig wird.
• Gürzenichstraße 25, 50667 Köln
  www.deiters.de/koeln

Stunksitzung: Alternativer Karneval
im Kölner E-Werk.

Deko Schmitt

Dieser Laden zwischen Hauptbahnhof und Ebertplatz ist so ein
herrlicher Ort – und der Klassiker.
Hier werden richtig teure Kostüme
gefertigt oder repariert, auch Uniformen von Karnevalisten, aber
keine Sorge: Als Zivilist werden Sie
hier mehr als fündig. Federboas
als Meterware in allen erdenk-
lichen Farben. Theaterschminke.
Köln-Hüte mit Konfetti. Piraten-
haarreifen. Alle vorstellbaren
Accessoires. Bei Deko Schmitt
wird Karneval seit jeher gelebt.
Ich liebe diesen familiären Laden.
• Johannisstraße 67, 50668 Köln
  www.dekoschmitt.de

Jot Jelunge

Hier wird fündig, wer das Besondere sucht, das Freakige. Ich denke, auch für Halloween-Partys ist
man hier am besten aufgestellt.
Jot Jelunge lebt auf jeden Fall
nach der Prämisse, dass ein Kos-
tüm- und Verkleidungsladen nicht
den Charme eines Supermarkts
haben muss, sondern schon als
Geschäft sehr einladend, sehr aufregend und sehr inspirierend sein
kann. Es gibt hier neben vielen
Kostümen auch ausgefallene Mas-
ken und Verkleidungsideen für die-
jenigen, die das Ausgefallene suchen. Ein Träumchen!
• Lindenstraße 53, 50674 Köln
  www.jotjelunge.de

Ein Plattenladen wie für mich gemacht:
Im Parallel im Belgischen Viertel finde ich,
was ich suche, und entdecke auch Neues.

10

Rock, Folk und Hip-Hop am Rhein

Kölschrock mit Lukas Podolski, BAP, den Höhnern und Bläck Fööss. Nicht zu vergessen ein kölsches Lied über die Mülltüte.

»Un mer singe all die Leeder, vun däm ahle Mann, jo un och dat vum Veedel«[*]

Wo man singt, da lass dich nieder – böse Menschen haben keine Lieder. Wenn dieser Ausspruch stimmt, dann kann man sich in ganz Köln niederlassen. Denn diese Stadt ist Musik, durch und durch. Wie es das sonst nirgendwo auf der Welt gibt.

Zugegeben, es gibt mit Sicherheit Städte, über die mehr Lieder geschrieben wurden. New York oder Paris oder so. Aber selbst die können nicht konkurrieren mit der schieren Menge an Bands aus der eigenen Stadt, die sich musikalisch am Wohnort abarbeiten. Wobei »abarbeiten« jetzt so negativ klingt. All diese Musik entsteht aus einem tiefen Gefühl der Liebe. Ja, okay, es sind auch immer wieder Songs dazwischen, die entstehen aus einem tiefen Gefühl der Liebe für das eigene Bankkonto, aber die Kölschen haben da meistens recht gute Antennen. Abgesehen davon, dass die Motivation für einen Song erst mal egal ist – wenn der Song stimmt. Gut, nachdem wir uns jetzt also durch alle möglicherweise aufkommen könnenden Spitzfindigkeiten gelotst haben, kommen wir wieder zum Thema.

Ein Hang zu schottischem und irischem Folk

Köln ist Musik. Die Sprache ist schon ein Singsang, alles in dieser Stadt folgt einem Rhythmus und einer Melodie. Dabei muss man mit einem grundsätzlichen Missverständnis aufräumen:

Die meisten Bands sind kölsche Bands, nicht Karnevalsbands.

[*] »Und wir singen all die Lieder, von dem alten Mann, ja und auch das vom Veedel«

Konzert zum 50-jährigen Jubiläum von Bläck Fööss 2022. Das Jubiläum war bereits 2020, doch wegen der Coronapandemie musste es verschoben werden.

Die treten auch im Karneval auf, machen da unter Umständen sogar einen Großteil ihres Umsatzes, sind aber trotzdem kölsche Gruppen oder, wie es auch so gern heißt, Mundartgruppen. Wobei: Das finde ich ein fürchterliches Wort. So was kann es nur im Deutschen geben. Mundartgruppen. Klingt viel mehr nach einer Gruppe von Designern der Rolling-Stones-Zunge auf einem Tübinger Kunsthandwerkermarkt: »Also, was wir machen, nennt sich Mund-Art.«

Bleiben wir lieber bei den kölschen Gruppen. Die musikalische Bandbreite ist dabei riesig. Abgesehen davon, dass Köln ein zentraler *Hub* für elektronische Musik auf der ganzen Welt ist (und mit Kompakt eines der renommiertesten Labels für diesen Sound beheimatet), spielen kölsche Bands alles, von Reggae über Rock bis Fusion und Funk. Es gibt kölsche Rapper und kölschen Punk. Außerdem scheinen die Kölschen einen gewissen Hang zu schottischem und irischem Folk zu haben. Oder besser gesagt: Wann immer Sie ein kölsches Lied hören, bei dem Sie denken: Och, das könnte auch so ein schottisches Volkslied sein, dann

Vor einem Spiel des Effzeh und zum Karnevalsauftakt spielen die Höhner – die große Konkurrenz von Bläck Fööss – im Rheinenergiestadion.

ist es das in der Regel auch. Zum Beispiel die große Vereinshymne des 1. FC Kölns, »Mer stonn zo dir, FC KÖLLE« von den Höhnern. Das basiert auf dem schottischen Traditional »Loch Lomond«, das auch schon fast 200 Jahre auf dem Buckel hat. Also ungefähr in dem Jahr entstanden ist, als der Effzeh zum letzten Mal deutscher Meister war.

Gute-Ergebnisse-Fan

An dieser Stelle ein kleiner Exkurs zum Fußball in Köln: Ich bin ja Mitglied bei zwei Fußballvereinen: dem 1. FC Köln und der Spvg Wesseling-Urfeld. Klar. Und ich finde, beim Effzeh gibt es eine drollige Beobachtung. So richtige Fußballfans neigen ja dazu, den eigenen Verein mit einer gewissen Verklärung zu betrachten. Ist auch logisch: Wer immer »Mein Verein – mein Leben« sagt, der muss den eigenen Verein über alle Maßen super finden, damit sich das auch irgendwie aufs Leben auswirkt. Wenn man jetzt sagen würde: »Ich bin zwar Fan von meinem Verein, aber was die machen, ist wirklich nur so mittelmäßig«, wie würde sich das aufs eigene Leben auswirken? Eben. Die FC-Fans haben aber eine ganz schöne Art, damit umzugehen. Beim Start jeder neuen Saison ist nämlich klar: Der Effzeh wird deutscher Meister. Dieses Mal bestimmt. Und dann holen wir uns im Jahr drauf noch die Champions League. Kölsche werden von anderen für diese Behauptungen gern belächelt, und das ist okay. Lacht nur. Aber eines Tages stimmt das, schon rein statistisch. Und dann gucken wir mal, wer am Anfang der Saison richtig gelegen hat. Aber davon abgesehen: Es ist ein bisschen Spaß, ein bisschen Fatalismus, aber auch ein bisschen Hoffnung. Und das ist nicht die schlechteste Mischung, möchte man meinen. Ich kann mir übrigens kein Spiel ansehen, ich halte diese Spannung nicht aus. Ich brauche nur das Ergebnis. Ich bin kein Erfolgsfan, ich bin Ergebnisfan. Und vor allem Gute-Ergebnisse-Fan.

Eine der schönsten Figuren, die der Effzeh in seiner jüngsten Vergangenheit dieser Stadt geschenkt hat, ist definitiv Lukas Podolski. Unser Lukas, wie er hier heißt, spielt seit gefühlt 2000 Jahren gar nicht mehr für den 1. FC, schlimmer noch: Er hat den Verein sogar damals verlassen, um zu den Bayern zu gehen. Und trotzdem wird er geliebt und verehrt, als hätte er gestern 20 Tore für Köln geschossen. Das liegt vor allem an der großen Köln-Liebe, die Lukas in die Welt hinausträgt. Egal für wen er wo spielt, er kommt immer wieder zum Dom zurück und lässt sich in der Stadt blicken. Mittlerweile betreibt er in Köln auch einen Dönerladen, eine Eisdiele, ein Brauhaus, ein Klamottenlabel etc. Die Stadt gehört ihm also quasi fast. Er wird immer »unser Lukas« bleiben. Und dabei ist er noch nicht mal in Köln aufgewachsen, sondern in Bergheim, vor Köln. Bergheim hat als Nummernschild BM, weswegen Autos damit in Köln auch scherzhaft »Bereifte Mörder« genannt werden. Und wer hat noch BM auf dem Nummernschild? Richtig: Wesselinger! Damit ist »unser« Lukas ja wohl vor allem »mein« Lukas. Hurra!

»Poldi kommt nach Haus«

So, wir waren aber eigentlich bei der Musik in Köln. Über Lukas Podolski wurden auch schon Lieder in Köln geschrieben. Jürgen aus dem »Big Brother«-Haus hat vorgelegt mit seinem ballermannigen »Lu-Lu-Lu-Lukas Podolski«. Die Band 5vor12 hat da gleich gecovert: Als Poldi sein Gastspiel bei den Bayern aufgab und zum FC zurückkehrte, coverte die Band die schönste Fußballhymne der Welt, nämlich »Football's Coming Home«, und textete sie um in »Poldi kommt nach Haus«. Lag nah. Und irgendwer musste es machen. Lukas Podolski selbst hat auch gesungen, mit einer kölschen Band. Nämlich deren Hit »Hallelujah«, von und mit Brings. Herrlich, wie man im Lied hört, wie Podolskis Stimme durchs Autotune gejagt wurde, damit er die Töne trifft, und schön zu sehen, wie gut das funktioniert. Man erinnere sich nur an deutlich unseligere Zeiten, als Fußballer noch singen mussten und man beim Hören immer gedacht hat: Es wäre für alle Beteiligten besser gewesen, hätte man das gelassen.

Überhaupt Brings. Diese Band ist ein Phänomen. Als die gestartet sind, waren die eine richtige Kölschrock-Band. Da waren gute Songs dabei, keine Frage. Aber so richtig wollte der Funke nicht zünden. Vielleicht war auch der Bedarf an Kölschrock nicht so groß, wie man annehmen könnte. Dieses Feld beackern ja BAP seit Ewigkeiten für sich, und vielleicht ist diese Stadt einfach zu klein für zwei Sheriffs, Fremder.

Ich weiß es nicht. Jedenfalls haben Brings auf ihrem ersten Album Hits gehabt, die man in der ganzen Stadt kennt. Das Lied »Kölle« zum Beispiel. Im Text geht es darum, dass das lyrische Ich seit einem halben Jahr in Israel abhängt und wieder nach Köln will. Leicht *random*, aber okay. Das bisschen Text wird sowieso überlagert von dem tausendmal erklingenden Refrain »Ich möch zo Fooss noh Kölle jon«, das versteht jeder in Köln. Dazu ist das Riff schön bluesig, das passt in die Kneipe. Alles richtig gemacht. Danach hat es sich aber irgendwie zerfasert. Man hat Brings noch wahrgenommen, aber nicht mehr als Band, die man unbedingt sehen muss. War halt 'ne Rockband. Eine unter vielen. Und bandintern war die Stimmung vermutlich nicht besser. Erst zehn Jahre später, die Band hat sich ein kleines Geburtstagsständchen geschrieben, auf die Melodie von »Those Were The Days«, und den Titel haben sie dann auch gleich ins Kölsche übersetzt: »Nä, wat wor dat dann fröher en Superjeilezick«. Da das Lied auf einem russischen Folklorelied basiert, hatte das so Polka-Elemente.

Und jetzt, Riesenüberraschung: Die Nummer wurde ein Hit! Vor allem im Karneval!

Brings haben das sofort erkannt und ihren ganzen Style auf diesen Song ausgerichtet. Und das hat sich mehr als gelohnt: Brings sind mittlerweile eine nicht mehr wegzudenkende Größe in der kölschen Musik. Ich würde sogar behaupten, dass sie im Alleingang die Transformation kölscher Karnevalslieder bewerkstelligt haben. Vor Brings war alles Höhner und Bläck Fööss. Die zwei großen Bands. Und dann gab es noch ein paar darunter, die sich aber an den beiden großen orientiert haben. Seit »Superjeilezick« ist das anders. Das hat nicht nur die Tür aufgestoßen für Bands mit ähnlichem Sound, sondern überhaupt für alle Arten von Musik. Danach kamen dann so Bands wie Cat Ballou, eine Art kölsche Coldplay, die der Stadt die Überhymne »Et jitt kei Wood« beschert haben, oder Querbeat, eine kölsche Brassband, die mit »Guten Morgen Barbarossaplatz« vielleicht die schönste Ode an das Durchfeiern in Köln geschrieben haben. Und noch viele andere Bands mit vielen anderen Stilen. Aber klar, das ist alles »standing on the shoulder of giants«. Was hat es denn mit den beiden Großen auf sich?

Höhner und Bläck Fööss

Die Geschichte der Höhner ist schnell erzählt: Die waren ganz erfolgreich und dann haben sie sich fast komplett neu formiert – und dann waren sie supererfolgreich. Allerdings auch ein bisschen kompromissloser. Während also die Höhner so eine Art kölsche Modern Talking nur mit Musikgeschmack waren, gab es noch die große Konkurrenz: die Bläck Fööss. Und bei denen gibt es einen AC/DC-Moment. Oder Van-Halen-Moment.

Die Bläck Fööss waren nicht nur die größte Band Kölns, was an ihren frühen Überhits wie »Mer losse d'r Dom en Kölle«, »Drink doch ene met« oder »In unserem Veedel« lag, sondern auch die innovativste. Vor keinem Genre scheute sie zurück, ob Rap, Reggae oder Dixieland. Ihre A-Capella-Version von Grönemeyers »Männer« ist legendär. Und mit »Frankreich, Frankreich« gelang ihnen auch ein bundesweiter Pop-Hit. Auf ihren Alben thematisierten sie neben kölschen Eigenheiten auch Gentrifizierung, Aufrüstung, Umweltzerstörung, Genderstereotype, Deutschtümelei und allerlei Ungerechtigkeiten. Und waren dabei, vor allem live, auch absolute Comedy-Granaten. »Et Kackleed« war ein Liveknaller von einem Song, in dem alle denkbaren Formen von Stuhlgang besungen wurden.

Die Fööss musste man einfach mal live gesehen haben. Darin waren sich alle einig. Und das lag vor allem an: Tommy Engel. Engel war der Sänger, der Frontmann der Fööss, und hat die Band und die Zuschauer mitgerissen wie kein Zweiter. Da stand ein Vollblut-Entertainer auf der Bühne. Der die Bühne zu seinem Zuhause machte. Das Songwriting, die Musikalität – das brachte alles die Band mit, und das war die eine Hälfte des Erfolgs. Aber die andere war ganz klar Engels Performance. Und der hatte irgendwann keinen Bock mehr. Und da trennten sich die Wege der Fööss und von Tommy Engel. Nicht ganz friedlich. Das war ein Schock in der Stadt. Klar, die Fööss haben weitergemacht, haben auch noch den ein oder anderen Hit gelandet, aber es wurde nie wieder so wie mit Engel. Und so sehr alle jahrelang auf eine große Reunion hofften, die nie kam: Man hatte nie den Eindruck, dass Tommy Engel unzufrieden wäre. Das ist doch irgendwie auch schön.

BAP – herzzerreißend schön

Vielleicht ist das auch das Geheimnis kölscher Musik: Es muss nicht immer nur um Köln gehen. Während Volksmusik aus den Bergen immer wieder besingt, wie schön das Alpenpanorama sei oder wahlweise »die Liebe«, verhandeln Kölner:innen in ihrer Musik durchaus große Themen. »Verdamp lang her« von BAP, auch so ein Beispiel: Singt man jahrelang in Kneipen mit und denkt sich nix dabei. Dann hab ich mir irgendwann mal den Text in Ruhe angeguckt, und: Das Lied handelt von einer Vater-Sohn-Beziehung und dem Tod des Vaters. Der Sprachlosigkeit. Dem, was man alles noch hätte sagen wollen. Und davon, wie das Leben eben so läuft. Überhaupt BAP: »Du kanns zaubere« ist vielleicht eines der schönsten Liebeslieder dieser Welt.

Aber selbst wenn man es nicht so hoch hängt: Die Lieder, die Kölsche über Köln schreiben, sind in den besten Fällen herzzerreißend schön.

Und machen einem die Stadt auch gleich viel schöner. Denn es ist ja kein Geheimnis, dass Köln jetzt architektonisch nicht unbedingt viel zu bieten hat – also, außer man hat einen ausgeprägten Fetisch für 50er-Jahre-Zweck-Architektur. Dann ist Köln das Paradies. Aber weil durch den Zweiten Weltkrieg die ganze Stadt zerstört worden war, musste man schnell wieder alles aufbauen, und da hat man wohl nicht so genau hingeguckt. Umso toller, wie sehr die Kölschen ihre Stadt dafür lieben, so unperfekt zu sein. Das ist wie mit den Effzeh-Fans. Oder wie der ehemalige Boss meiner Frau in Köln zu ihr sagte, als sie mit einer neuen Jacke ins Büro kam: »Toll! Wenn die mal in ist, hast du sie schon!« So muss man das wohl auch mit der Kölner Architektur sehen.

Kein Wunder also, dass man in so einem Milieu Lieder schreibt, die sich auf was anderes konzentrieren. Und da man nicht immer nur Lieder über den Dom schreiben kann, schreibt man dann eben welche über die Leute. Wie die drauf sind. Was sie so liebenswert macht. Und dann hören die das und fühlen sich gebauchpinselt und nehmen das an. Und je mehr das hören, desto mehr übernehmen das natürlich auch. So beeinflusst man auch eine Stimmung. Ja, die Kölner:innen neigen von außen betrachtet zur Selbstbesoffenheit. Keine Frage. Diese Gefahr schwingt immer mit. Na und? Ich find's schöner, wenn sich Leute ihren Ort schönreden, als alles immer scheiße zu finden. Es darf natürlich nicht realitätsverweigernd sein, aber so ein bisschen Übertreiben hier und da hat noch niemandem geschadet.

Über die Mülltüte

Ich hab selber schon einmal ein kölsches Lied gemacht. Und das kam so: Eine Freundin von mir meinte mal, sie hätte die Idee, dass man ein Lied machen müsste, das heißt »Isch bin en Mülltüüt«. Dieser Gedanke ließ mich nicht mehr los. Und als ich mich mit zwei Musiker-Freunden traf und ihnen davon erzählte, waren sie gleich Feuer und Flamme. Wir gaben uns dann einen sagenhaft guten, kölschen Bandnamen (Stussdämpfer) und schrieben »De Mülltüüt«. Durch verschiedene Kontakte landete das dann bei der damals wichtigsten und auch einzigen Plattenfirma in Köln, der EMI. Die haben alles veröffentlicht, was im Kölschen Rang und Namen hat, und, wie toll, sie wollten auch unser Lied veröffentlichen! Wir nahmen noch eine B-Seite auf (eine schöne Ballade über die Friesenstraße – eine Ausgehmeile im Herzen der Stadt) und schon erschien die Single. Wir wollten damit diesen warmen 70er-Jahre Bläck-Fööss-Sound zurückholen. Und mal reinschnuppern in die Welt der Kölschbands, die an Karneval durch die Gemeinde ziehen.

Leider waren wir etwas zu spät mit unserer Single und durften sie für die anlaufende Session nicht mehr den »Literaten« vorspielen. Das ist eine Gruppe von Leuten, die im Grunde bestimmen, welche Lieder in

Wenn Wolfgang Niedecken mit BAP in der Lanxess Arena spielt – dann kann Köln zaubere.

der Karnevalssaison gehört werden und welche Acts auftreten dürfen. Weil wir da nicht mehr reinkamen, blieben für uns nur noch ein paar Auftritte übrig. Aber das war schon ein Einblick, der äußerst interessant war. Man spielt in Kneipen, auf Straßenfesten, auf großen Bühnen, Mini-Bühnen. Mal für Radiosender, mal auf einer großen Sitzung im altehrwürdigen Gürzenich in Köln.

Nur zu einem kommt man nicht: zum Karnevalfeiern. Das ist richtige Knochenarbeit, da von Sitzung zu Sitzung zu ziehen. Da kann man es sich nicht recht leisten, überall noch ein Kölsch zu trinken und anzustoßen. Als ich das realisiert hab, hab ich auch gemerkt, dass das vielleicht doch nichts für mich ist. Weil ich es so liebe, Karneval zu feiern. Einen ganz schönen Nebeneffekt hatte die Single aber noch: Wir wurden engagiert für eine neue, alternative Sitzung. Da haben wir eine Woche lang jeden Abend gespielt. Und zum Finale kamen dann alle Acts gemeinsam auf die Bühne, um den Bläck-Fööss-Klassiker »Drink doch ene met« zu singen. Und da habe ich dann, Abend für Abend, in ein Mikrofon zusammen mit Tommy Engel gesungen! Was soll ich in Köln noch mehr erreichen? Da käme nur noch mein eigenes Fenster im Dom oder so. Und das halte ich für äußerst unwahrscheinlich.

Kölsche Musik ist toll. Vielleicht lassen wir eines Tages unsere alte Band Stussdämpfer doch noch mal aufleben. Wir hatten auch noch weitere sehr gute Songs in Petto. Der Kas is noch net gegesse. Wie der Kölner sagt. Wenn er Hesse wär.

DIE BESTEN DREI UNBEKANNTEREN PROTESTSONGS DER BLÄCK FÖÖSS

PLATZ 3
»Top ävver beklopp«
In diesem Song werden die Bläck Fööss ihren ganzen Frust los gegen fiese, skrupellose Typen: ein Waffenfabrikant, ein umweltzerstörender Biochemiker und ein korrupter Spitzenpolitiker. Sie alle sind laut den Fööss »top, aber bekloppt«.

PLATZ 2
»SDI (Mir hevven aff)«
SDI war eine von Ronald Reagan angestoßene Initiative im Kalten Krieg zum Aufbau eines Abwehrschirms gegen Kontinentalraketen. Also auch ein weiterer Aspekt des Wettrüstens. Kohl befand sich dabei strikt an der Seite Reagans. Da das Programm auch »Star Wars« genannt wurde, gingen alle davon aus, dass im All Raketenkriege stattfinden würden. Und die Fööss sahen das nicht ein. Und befürchteten einen Anfang vom Ende in diesem launigen 80er-Banger.

PLATZ 1
»Et Südstadt-Leed (Karolingerring)«
Dieses Lied aus den 70ern hat schon sämtliche Gentrifizierungsdiskussionen vorweggenommen. Schon damals hat man versucht, die Leute aus ihren Innenstadt-Wohnungen zu locken, damit man die neu und teuer vermieten kann. Aber nicht mit den Fööss.

TIPPS

AUSWAHL MEINER LIEBS-TEN PLATTENLÄDEN

Groove Attack Record Store

Alles, was irgendwie groovt – nee, das ist kein schönes Wort. Aber Funk, Reggae, Hip-Hop, Soul, Disco, Rap – alles, was man in diesen Genres sucht, findet man dort. Es ist eine Institution in Köln. Als vor vielen Jahren einmal Busta Rhymes in der Stadt war und Platten shoppen wollte, hat man nachts extra für ihn geöffnet. Und Busta hat ordentlich eingekauft. So will es die Legende. Die Verkäufer sind megahilfsbereit, freuen sich, wenn sie helfen können. Da habe ich immer gekriegt, was ich gesucht hab. Das ist vermutlich das Beste, was man über einen Plattenladen sagen kann.

• Maastrichter Straße 49, 50672 Köln
  www.grooveattackrs.bigcartel.com

Parallel Schallplatten

Ein anderer fantastischer Plattenladen mit viel erstklassig kuratierter Secondhandware. Neuware gibt's da natürlich auch. Musikalisch ist man sehr breit aufgestellt. Alles, was irgendwie interessant

Die Verkäufer im Groove Attack Record Store sind so was von hilfsbereit.

ist, erhält man dort. Herrlicher Laden.

• Brabanter Straße 2–4, 50674 Köln
  www.parallel-schallplatten.de

Underdog Recordstore

Neben einem breit gefächerten Angebot aktueller Vinyl-Releases ist der Laden vor allem auf Gitarrenmusik spezialisiert. Eine große alternative Auswahl und ein paar sehr gut sortierte Punk-Fächer. Dazu höfliche Zurückhaltung beim Diggen (so nennen Plattenwühler das Plattenwühlen) und freundliches Verkaufsgespräch beim Bezahlen. Der Laden ist sehr gemütlich, aber kein bisschen vollgestopft. Liebe ich. Lieben wir.

• Ritterstraße 52, 50668 Köln
  www.underdogrecordstore.de

Die Kölner:innen lieben es eher bodenständig und subkulturig ...

11

Prollige Kölner:innen, etepetetige Düsseldorfer

Die Düsseldorfer mögen es gern abgehoben:
Kö-Bogen in der Königsallee.

Die ewigen Kabbeleien
mit den Düsseldorfern sind nur ein Spaß –
aber ein sehr großer.

»Usserhalv vun Kölle gitt et kei Levve; un wo et ei gitt, es et kei«*

Wenn die Amerikaner über Deutschland sprechen, dann meinen sie meistens Bayern. Oder Düsseldorf. In der Tim-Burton-Neuverfilmung des Kinderbuchs »Charlie und die Schokoladenfabrik« sehen wir in einer Szene eine kurze Außenansicht von »Düsseldorf«: Dort ist die Stadt ein kleines Fachwerkdorf in den Bergen. Dieses Bild wurde im Schwarzwald aufgenommen.

Da wurde also sogar alles vermischt, was über Deutschland bekannt ist: der Name Düsseldorf und die Optik Bayerns.

Wenn es nur Bayern wäre, meinetwegen. Dieser Lederhosen-Kitsch, das Oktoberfest und Neuschwanstein, das ja eindeutig die Vorlage für das berühmte Disney-Schloss war, sind so ikonografisch, dass sie für ein ganzes Land herhalten müssen. Das verstehe ich. Aber Düsseldorf kennt man da nur als Namen. Es gibt keine Düsseldorfer Sehenswürdigkeiten, die internationalen Rang hätten, der Düsseldorfer Karneval ist im besten Fall nett gemeint, und eine (außerhalb von Deutschland erwähnenswerte) Tracht haben die Düsseldorfer auch nicht, wenn ich das richtig sehe. Die Stadt ist noch berühmt für eine Senfmarke, bei der sogar die Hälfte aller Deutschen sicher annimmt, sie sei aus Bayern. Warum schafft es also ein Ort ohne Eigenschaften, bekannter zu sein als die Heimat des Doms und eines Biers, das sogar schmeckt?

Selbstbesoffenheit und kölsche Toleranz

Das liegt ein bisschen in der Historie der beiden Orte begründet. Köln war ja, wenn wir mal städteplanerisch an die Sache herangehen, quasi immer da. Es gibt keine nachchristliche, zivilisatorische Phase in der Geschichte, in der Köln nicht das Zentrum der Aufmerksamkeit gewesen wäre.

* »Außerhalb Kölns gibt es kein Leben; und wo es welches gibt, ist es keins«

Man gönnt sich ja sonst nichts: Düsseldorfer Museumshafen mit Frank-Gehry-Bauten.

Die seit der Römerzeit wichtigste und größte Stadt, mindestens der Region, das war stets Köln.

Und das sorgt für verschiedene Dinge: natürlich für Relevanz. So etwas bedingt sich dann gegenseitig: Köln war als Ort so relevant, dass es ab Mitte des 12. Jahrhunderts die Heiligen-Drei-Königs-Gebeine bekam, was wiederum dazu führte, dass es noch relevanter wurde, als es eh schon war. Es schaukelt sich dann gegenseitig hoch. Dagegen war Düsseldorf wirklich sehr, sehr lange wirklich nur das: ein Dorf.

Es sorgt aber auch für eine etwas zu stolz geschwellte Brust und die Annahme, dass das in allen Belangen immer so weitergeht. Sprich: Köln hat sich nie sonderlich darum bemüht, relevant zu bleiben, sondern das als ein bisschen gottgegeben angenommen. Daher kommen auch solche Sprüche wie »Der liebe Gott muss Kölner sein«, wenn mal irgendwas

besonders genial läuft, sei es das Wetter an Rosenmontag, oder der Effzeh hat ein wichtiges Spiel gewonnen. Und da schwingt eine gewisse
Arroganz mit, also das, was den Kölner:innen von außen immer als
»Selbstbesoffenheit« vorgeworfen wird. Aber wenn man nun mal das
größte Gotteshaus in der Region in seinem Zentrum stehen hat, hat
man doch auch eine ganz besondere Nähe zum lieben Gott, oder nicht?
Funktioniert das nicht so?

Dieses religiöse Selbstverständnis war es dann tatsächlich auch, was
Köln erst den Reichtum gebracht und danach das Genick gebrochen hat.
Denn während es in Köln laut dem Köln-Liebhaber Konrad Beikircher
zwei große (christliche) Religionen gab, nämlich »normal« und evan-
gelisch, war der dörfliche Nachbar da weitaus offener. Klar, die hatten
ja auch keinen Dom zu verlieren. Man stelle sich das nur mal vor, die
Protestanten hätten in Köln was zu sagen gehabt, wie dann der Dom
heute aussehen würde? Vermutlich wären die Türme zwei Betonquader
und das Richter-Fenster würde nur alle Schattierungen von Grau zeigen.

Aber im Ernst: Protestanten hatten es damals sehr schwer in Köln,
im 16. Jahrhundert. Man bildete sich sonst was ein im »hillije Kölle«
und zog die katholische Lesart allen anderen vor. Das nervte die weitaus
progressiveren Protestanten sehr, und sie verließen Kölle scharenweise.
In Düsseldorf zum Beispiel hatte man nichts zu verlieren, keine wichtige
Kirche oder irgendwelche biblischen Gebeine, und dort empfing man
die genervten Kaufleute mit offenen Armen. War ja auch zum Glück
nicht so weit. Eindeutig: Standortvorteil Düsseldorf. Noch dazu war
Düsseldorf Residenzstadt und wuchs und gedieh. Während Köln echt
Probleme mit seiner Stadtmauer bekam: Die Stadt wurde zu klein für
die ganzen Leute. Weg wollte aber auch erst mal keiner. Deswegen wurde es hier und da etwas ungemütlicher, wenn man sich so auf der Pelle
hockt. Allerdings wurde die Stimmung dadurch auch deutlich nachbar-
schaftlicher. Man musste ja miteinander auskommen. Vermutlich einer
der Grundpfeiler für die vielbeschworene kölsche Toleranz.

Als die Franzosen die Region übernahmen, wurde Köln französisch,
Düsseldorf blieb hingegen besetzt. Und wurde geführt von Napoleons
Schwager. Napoleon kam dann mal zu Besuch nach Düsseldorf, und

es soll ihm gut gefallen haben. Die haben aber auch die ganz schweren Geschütze aufgefahren: Großer Empfang mit allem Trara, sogar den Triumphbogen haben sie dem kleinen Kaiser nachgebaut. Einer seiner Begleiter war sehr begeistert und nannte Düsseldorf »Klein-Paris«. Als die Reisegruppe nach Köln weiterfuhr, lief's nicht so gut: Die Kölschen bekamen nicht mal genug Leute für einen Empfang zusammen. Ja, jot, sagt man sich da: warum auch? Köln war eh schon französisch, der Handel funktionierte noch gut, warum sollte man da jetzt so einen Aufriss machen, nur weil der Kaiser mit der Hand in der Jacke angeritten kam? Das mag man jetzt taktisch dumm finden, aber immerhin: Eingeschleimt hat sich in Köln niemand. Triumphbogen nachbauen, pff. Man kann es auch übertreiben.

Die Schlacht bei Worringen

Das ist eigentlich die Grunderzählung, die diesen großen Unterschied zwischen Köln und Düsseldorf ausmacht: Hier die etwas prolligen, einfachen Kölschen, die das Herz auf der Zunge haben, aber niemals einknicken, und dort die feinsinnigen, etepetetigen Düsseldorfer, die sich immer ein bisschen zu viel den Eliten anpassen, dafür aber alle möglichen Vorteile bekommen – sie sind ja sogar Landeshauptstadt von Nordrhein-Westfalen geworden. Obwohl sie viel kleiner als Köln sind und übrigens keinen Dom haben. Weiß nicht, ob ich das hier schon erwähnt habe.

Ein großer Mythos dieser Städtefeindschaft muss aber dringend aufgeräumt werden: die Schlacht bei Worringen. Dieser Kampf vor den Toren Kölns im Jahr 1288 muss stets als historischer Grund für die Verfeindung herhalten. Dabei wird erzählt, dass die Kölner:innen auf der Seite der Bauern gegen die Düsseldorfer, auf der Seite des Klerus um die Freiheit der Stadt Köln gekämpft haben – und obwohl ärmer und in der Unterzahl, durch ihren Mut und ihre Entschlossenheit diesen Kampf für sich entscheiden konnten. Das ist eine sehr schöne Geschichte und eine sehr unwahre Legende.

Ein paar Koordinaten stimmen schon, aber eine entscheidende Sache war in Wirklichkeit ganz anders: Die Kölner:innen stemmten sich da-

Wirtschaftszentrum Düsseldorf mit japanischen Straßenschildern – die Immermannstraße liegt auch im Viertel »Little Tokyo«.

mals gegen den Erzbischof, der sich Köln einverleiben wollte. Es ging um Gebietsaufteilungen, Erbrecht, wem gehört was und so weiter. Viel zu viel Klein-Klein, um es aufzudröseln. Jedenfalls hatte Siegfried von Westerburg die Schnauze gestrichen voll und gesagt: »So, Köln gehört jetzt zu mir, dann ist hier Ruhe.« Und so wurde er Erzbischof von Köln. Vermutlich wollte der auch die Drei-Königs-Gebeine aus dem Dom haben. So wie alle. Köln jedenfalls hatte dann im Herzog von Brabant einen Verbündeten gefunden, der sein Einflussgebiet vergrößern wollte und ebenfalls gegen den Klerus aufbegehrte. Der plante dann mit den Kölner:innen, wie man gegen den Erzbischof und seine Truppen vorgehen müsste.

Nachdem alle Diplomatie versagt hatte, kam es zur vielzitierten Schlacht bei Worringen. Die ging nachmittags vor den Toren Kölns los und war ziemlich brutal. Die kölsche Taktik war anscheinend: Haut auf alles, was sich bewegt (haben sie sich bestimmt von den Hunnen abgeguckt). Das ging auch einige Zeit ganz gut, reichte aber nicht ganz. Aber dann kamen die Bauern aus dem Bergischen den Kölschen zu Hilfe, und gemeinsam besiegte man den Erzbischof auf dem Schlachtfeld. So. Moment mal: Aus dem Bergischen? Dem Bergischen Land? Dem Bergischen Land, zu dem auch Düsseldorf gehört? In der Tat: Düsseldorfer kamen den Kölner:innen zu Hilfe, damit Köln frei bleiben konnte. Puh. Das ist ein Schock. Vielleicht erst mal kurz das Buch weglegen und durchatmen.

Landeshauptstadt mit japanischer Enklave

Wieder gefangen? Gut. Die ganze Kabbelei ging dann vor allem im 20. Jahrhundert los. Als die Rivalität vor allem in der auffälligen Unterschiedlichkeit der Städte begründet lag. Warum die Briten sich nach dem Zweiten Weltkrieg für Düsseldorf als Landeshauptstadt entschieden? Nun, das hatte vor allem praktische Gründe: Köln war vom Krieg quasi komplett zerstört. Ungefähr 90 Prozent der Stadt waren kaputt. Köln war sowieso ein strategischer Ort im Krieg gewesen, weil der Dom den britischen Piloten als Orientierungshilfe diente. Da hat man dann gleich noch die Bomben abgeworfen, die man dabeihatte. Düsseldorf war schon schwerer zu finden. Und viele Bomben waren auch nicht mehr übrig. Deswegen war Düsseldorf nur zu ungefähr 40 Prozent zerstört. Und deshalb als schnell benötigter Regierungssitz besser geeignet. Die Popularität und der Dom haben Köln also in diesem Fall den Hauptstadtstatus gekostet. Verrückt. Wahrscheinlich haben wir noch Glück gehabt, dass der Regierungssitz immerhin im Rheinland geblieben ist, sonst wäre vielleicht Paderborn Landeshauptstadt geworden.

Trotzdem: Das war natürlich eine Kränkung der kölschen Seele.

Und für die Düsseldorfer ein willkommener Anlass, auf die eigene Geschichte zu verweisen und die schönen Parkanlagen und so. Außerdem schien das die Bestätigung dafür zu sein, sich lieber an die Reichen und Wohlhabenden zu halten und nicht stehen zu bleiben, sondern Entwicklung und Veränderung immer mit offenen Armen zu empfangen. Na gut, außer beim Hauptbahnhof. Da ist der Düsseldorfer eigen. Der muss immer sehr ungemütlich sein. Vermutlich ist das ein Trick, damit man schnell aus dem Bahnhof in die Innenstadt flieht. *Well played*, Düsseldorf.

Düsseldorf jedenfalls mauserte sich zu einem echten Wirtschaftszentrum und, wenn man vom Süden kam, zum Tor des Ruhrgebiets. Das war ganz schlau. Da haben die sehr von profitiert. Nicht nur in Deutschland: Düsseldorf wurde zum wichtigen Handelszentrum für Japan, weil die Japaner die Lage sehr schätzten und im Pott viel Handel trieben. Die Düsseldorfer wiederum haben die Chance erkannt und sehr viel für die neuen japanischen Einwohner getan: Mit zirka 8500 Japanerinnen und Japanern ist Düsseldorf Japans größte Enklave in Kontinentaleuropa. Es gibt eine Ecke, die »Little Tokyo« genannt wird, wo ganze Straßenzüge aus japanischen Restaurants und Geschäften bestehen. Dazu gibt es einmal im Jahr die legendären Japan-Tage in Düsseldorf, zu denen Leute aus ganz Deutschland gepilgert kommen, weil sie einen authentischen Blick auf Japan erlauben. Es gibt in Tokio übrigens ebenso regelmäßig einen »Düsseldorfer Abend«, aber liebe Leute, man kann es auch übertreiben, oder?

Kampf oder Spaß?

Auch die schon erwähnte Kunstakademie in Düsseldorf ist bekannt für ihre legendären Abgängerinnen und Abgänger. Dafür hat Köln damals den WDR bekommen. Fast wie so eine Wohnungsauflösung nach einer Trennung: »Nee, du hast schon den Beuys, dann kriege ich wenigstens ›Die Sendung mit der Maus‹. Pff, Campino kannste behalten, ich hab Niedecken.«

Aber mal ganz, ganz ehrlich. Mal ganz unter uns Radaubrüdern. Vielleicht dunkeln Sie auch den Raum ab, wir müssen jetzt mal ganz intim sein. Und einmal unser Herzchen aufmachen: Dieser ganze Kampf, dieses ganze Vergleichen, lästern, necken.

Diese ganze Empörung, wenn Düsseldorf was kriegt, was wir haben wollen, und umgekehrt: Das ist alles nur Spaß.

Wirklich. Ein Spaß, mit einer leicht bitteren Note, aber wir wissen alle, dass das nicht ernst gemeint ist, wirklich. Und das wissen wir nicht nur, seit uns die Düsseldorfer in Worringen beistanden, oder weil auch Düsseldorfer sich für die Fertigstellung des Doms einsetzten. Wir können unterscheiden zwischen Ernst und Spaß, selbst wenn das von außen manchmal boshaft bis verbittert wirken mag. Am Ende des Tages sind wir alle Rheinländer, und als solche halten wir zusammen. Wirklich. Dafür sind wir uns dann doch viel zu ähnlich. Und es gibt tatsächlich ein paar sehr schöne Ecken in Düsseldorf. Die besten und authentischsten Ramen-Nudeln in Deutschland kriegt man wirklich nur in Düsseldorf. Und dann zum Beispiel das Kom(m)ödchen, Deutschlands beste Kabarett-Kaderschmiede, aus deren Schoß Leute wie Harald Schmidt oder Volker Pispers gekrochen sind – zu Recht stolz seit 75 Jahren ohne

Kölschen und Düsseldorfer sind sich ähnlicher, als man denkt: zwei Karnevalsfiguren kurz vor Aschermittwoch.

öffentliche Subventionen. Das ist schon stark und bemerkenswert, was die Düsseldorfer da haben. Aber nur, dass wir uns da einig sind: Von mir haben Sie das nicht!

»Über Köln, da lacht die Sonne, über Düsseldorf die Welt« heißt es so schön. In einer Zeit, als Taxifahrer Wege noch kennen mussten und nicht im Navi eingeben konnten, kam es regelmäßig vor, dass sie, wenn sie mit kölschem Nummernschild im Düsseldorfer Großstadtdschungel den richtigen Weg suchten, von örtlichen Kollegen in die falsche Richtung geschickt wurden. Und umgekehrt übrigens. Klar ist das ärgerlich. Aber vor allem für den Fahrgast, der den längeren Weg fahren und zahlen muss. Andererseits: Wer fährt auch mit dem Taxi nach Düsseldorf? Oder Köln? Da hat man eine kleine Extra-Gebühr vermutlich durchaus verdient.

Wie also kann ein solcher Konflikt, bei dem man immer irgendwie auf der Hut sein muss, wie kann der für eine gesteigerte Lebensqualität sorgen? Das scheint ein bisschen widersinnig. Aber der Schein trügt in diesem Fall: Das Schöne an diesem Fall ist doch, dass es um nichts, um absolut gar nichts geht. Düsseldorf nimmt mir nichts weg, ich habe durch Düsseldorf nichts verloren, noch nie. Ich weiß auch, dass eine Band wie Kraftwerk niemals in Köln hätte entstehen können. Da braucht es schon ein Umfeld, in dem Spaß noch klein geschrieben wird.

Sorry, es ist einfach zu verlockend.

Aber noch mal zum Ernst der Sache zurück: Das macht so einen Spaß, sich die ganze Zeit zu foppen und eine gewisse Rivalität zu konstruieren. Klar gibt es manche, die das viel zu ernst nehmen, aber die darf man vermutlich durchaus als sehr kleine Minderheit betrachten. Denn genau darum geht es in dieser Rivalität: nicht immer alles so ernst nehmen. Das kann man gut an den Düsseldorfern ausprobieren – und muss natürlich auch die Retourkutschen aushalten. Im Grunde ist die Rivalität Köln gegen Düsseldorf der älteste Rap-Battle der Welt. Nur dass Köln immer gewinnt, weil die Düsseldorfer mit einer Geige zum Rap-Battle kommen. Ach, schon wieder! Sorry!

Typisch Düsseldorfer

Jetzt aber: Das Schöne und die versöhnliche Note an der ganzen Sache ist jedoch: Die Kölschen wissen, die Düsseldorfer und wir, wir sind uns ähnlicher, als man denkt. Und wir wissen das alle viel besser, als die Leute von außerhalb glauben. Aber sollen die mal glauben, was sie wollen. Es ist immer ein Vorteil, unterschätzt zu werden.

Nur diese Bier-Sache, da haben die Düsseldorfer wirklich keine Chance gegen uns. Ich meine, ich bitte Sie: Alt? Wer nennt denn sein Bier so? Und trinkt das dann noch? Ich schätze mal, auf Düsseldorfer Märkten wird auch so was hier gerufen:

»Ich präsentiere: Unser neues Brot namens Steinhart! Guten Appetit!«

»Und hier ist die neue Superwurst: Schimmel! Grün wie die Hoffnung! Lassen Sie es sich schmecken!«

»Verpassen Sie nicht unsere neueste Käsekreation: Fuß! Für den ganz besonderen Feinschmecker!«

Also wirklich. Typisch Düsseldorfer!

TIPPS

WAS MAN IN DÜSSELDORF GESEHEN HABEN MUSS

Im Stadtteil Düsseldorf-Garath, ganz im Süden der Landeshauptstadt gelegen, da kann man das schönste Juwel der Stadt bestaunen, und es sei Ihnen, liebe Leserinnen und Leser, auch wärmstens ans Herz gelegt, diese Sehenswürdigkeit zu besuchen: Denn dort befindet sich die Auffahrt auf die A59, die Autobahn, die einen nach Köln bringt.

Der Bauer Tünnes im blauen Kittel und der listige Städter Schäl mit Frack und Hut: kölsche Originale in Bronze gegenüber der Kirche Groß St. Martin.

12

Der gefährdete Dialekt

Kölner:innen lieben ihre Sprache,
weil sie so einen schönen Singsang hat
und den noch schöneren Genitiv.

» Schwad dich nit möd«*

Eigentlich, hatte ich gedacht, würde sich dieses Kapitel in allen anderen miterzählen, aber ich habe gemerkt, dass das Quatsch ist. Deswegen, überraschend spät im Buch, ein Kapitel über Kölsch. Die Sprache, nicht das Bier (das hatten wir nämlich schon, und wenn Sie das nicht wissen, sind Sie ein alter Querleser).

Wenn man mit einem Dialekt aufwächst, fällt einem gar nicht so sehr auf, was alles zu diesem Dialekt gehört. Ich würde schon meinen, eher in einem hochdeutschen Haushalt aufgewachsen zu sein. Zumindest in einem, in dem es wichtig war, hochdeutsch sprechen zu können. Als Grundeinstellung. Und sich dann über den Dialekt in all seinen Facetten zu freuen. Deswegen hat vermutlich auch der fantastische Konrad Beikircher so einen Erfolg im Rheinland mit seinen Programmen: weil er den Kölschen ihre eigene Sprache erklärt. Da fühlt man sich ein bisschen ertappt, wenn da jemand von außen so genau darauf schaut, aber es ist auch lustig, weil man ihm anmerkt, dass das alles aus einem Ort der Liebe fürs Kölsche kommt. Das scheint sowieso so eine Einstellung der Kölner:innen zu sein: Du darfst mich verarschen, du darfst mich beschimpfen – aber es muss lieb gemeint sein. Lieb gemeint beschimpfen? Das geht? Ja klar, du Jipsjesicht!

Jahresringe am Baum

Meine Frau Maria, Ur-Berlinerin, aufgewachsen im Prenzlauer Berg, als dort eine Latte noch ein Stück Holz war, hat mir neulich gesagt, dass sie der kölsche Dialekt von allen Dialekten am meisten verwundert. Weil sie findet, dass die dort verwendeten Worte gar nicht mehr herleitbar sind. Zumindest nicht mit der deutschen Sprache. Das fand ich interessant. Nun werden studierte Linguisten an dieser Stelle das Buch eventuell erzürnt zuklappen, weil sie uns sehr wohl den ripuari-

* »Red dich nicht müde«

schen Wortstamm im Kölschen erklären könnten oder so, aber darum soll es in erster Linie gar nicht gehen. (Stellen Sie sich den erzürnten Linguisten auch gerade so wie einen ganz schlaksigen Typen mit einer Nickelbrille vor, der mit erhobenem Zeigefinger schimpft – fast wie eine Wilhelm-Busch-Zeichnung?)

Die kölsche Sprache hat nicht nur einige besonders schöne Feinheiten, sondern sie funktioniert auch ein bisschen wie so Jahresringe am Baum.

Man kann an ihr ganz gut sehen, wer schon alles hier gewesen ist, weil jeder ein bisschen was von seiner eigenen Sprache dagelassen hat. Gegründet von den Römern, war Köln in der Antike die größte Stadt nördlich der Alpen. Und es lebten alle, die dort landeten, friedlich zusammen. Bis so im späten 3. Jahrhundert die Germanen kamen. Die Germanen, muss man echt mal so sagen, waren ja ein prolliges Bully-Völkchen, das nur Angst und Schrecken verbreiten konnte und vor allem sehr gut im Kaputtmachen war. Aber intellektuell war bei denen nicht viel zu holen. Vor ein paar Jahren zum Beispiel: Auf einem alten Kamm wurden germanische Runen entdeckt. Wissenschaftler machten sich daran herauszufinden, was dort geschrieben stand. Das war nicht so einfach. Nach mehreren Jahren Forschung konnte man sie dann endlich entziffern, die Runen. Und dort stand geschrieben: Kamm.

Wirklich, das Volk der Dichter und Denker.

Wären die Römer nicht so genervt von den Germanen gewesen, wer weiß: Vielleicht wären wir heute noch Italien. Köln wurde jedenfalls zur Durchgangsstation. Da die Stadt strategisch an einem wichtigen Punkt lag, wollten die immer viele erobern und für sich haben. Köln war auch mal 20 Jahre französisch. Von 1794 bis 1814 (da kamen dann die Preußen, die die Stadt für sich haben wollten). Die Franzosen haben der Stadt unter anderem die Hausnummern gebracht. Vorher war das alles so ein bisschen chaotischer.

Jupp und Hannes

Jupp: Sag mal, Hannes, wollen wir uns nicht mal treffen?

Hannes: Klar, Jupp, wieso nicht?

Jupp: Ja, okay, wie wär's morgen? Wenn's dunkel wird?

Hannes: Morgen, wenn's dunkel wird, super.

Jupp: Ja, ich könnte zu dir kommen.

Hannes: Klar kommste zu mir. Können wir ein schönes Bier bei mir trinken.

Jupp: Gut. Also. Wie komm ich denn zu dir?

Hannes: Ach, das ist ganz einfach, pass auf: Wenn du vor dem Dom stehst, dann gehst du scharf links. Da, wo das rote Haus ist.

Jupp: Das rote Haus mit den Fenstern oder das rote Haus mit dem Balkon?

Hannes: Das mit dem Balkon. Wenn du davorstehst, musst du durch die Gasse, die so schmal daneben langgeht.

Jupp: Klar, die schmale Gasse.

Hannes: Und dann musst du hinter dem Mäuerchen rechts und direkt wieder links. Bei den Kalledrissern vorbei. Aber da musst du aufpassen, wo du hintrittst!

Jupp: Klar, pass ich auf.

Hannes: So, und wenn du da bist, da siehst du ein blaues Haus.

Jupp: Ein blaues Haus? Da ist doch kein blaues Haus?

Hannes: Ich wohn doch da! Klar ist das ein blaues Haus!

Jupp: Also, ich finde, das ist eher türkis.

Hannes: Ich geb dir gleich türkis!

Jupp: Reg dich doch nicht so auf!

Hannes: Ich reg mich auf, wie ich will! Du Blauseher do!

Jupp: Na, dann komm ich halt nicht!

Hannes: Ja, kommste halt nicht!

Jupp: Jot!

Hannes: Jot!

Die berühmteste Hausnummer Kölns – 4711 – wurde einer Witwe von Lemmen 1795 zugewiesen. Und dabei blieb es.

Hätte Hannes einfach zum Beispiel sagen können »Domgässchen 27«, wäre das alles nicht passiert. Da muss man den Franzosen schon dankbar sein. Auch dafür, dass sie im selben Atemzug Köln auch seine berühmteste Hausnummer gegeben haben: 1795 erschien das erste Kölner Adressbuch, weil man mit den Hausnummern jetzt alles so schön kategorisieren und drucken konnte, und da wohnte, laut dem ersten Kölner Adressbuch, eine gewisse Witwe des Wilhelm von Lemmen in der Glockengasse mit der brandneu zugewiesenen Hausnummer 4711. Dort wohnte auch der erste Abfüller des berühmten Parfums. So kam es zu seinem Namen und wir zu einer der berühmtesten Zahlen der Welt.

An dieser Stelle schlagen Historiker erzürnt dieses Buch zu, weil die Legende mit den Franzosen und den Hausnummern gar nicht stimmt, da der Kölner Rat selber, kurz bevor die Franzosen die Stadt eingenommen haben, für die Häusernummerierung gestimmt hat. Da sie aber erst ausgeführt wurde, als die Franzosen die Stadt eingenommen hatten, wird sie fälschlicherweise ihnen zugeschrieben. Am Ende haben die Franzosen die Hausnummern an die Wände gepinselt. Darauf kann man sich doch einigen, oder? (Stellen Sie sich den erzürnten Historiker auch mit so einem Zwirbelbart und einem Monokel vor?)

»Ich fühl mich total malad!«

Wichtig ist für uns vor allem, dass die alle da waren und alle was dagelassen haben. Vor allem die Franzosen – man glaubt es ja nicht. Wer Kölsch kann, der kommt sicher auch okay in Paris zurecht, möchte ich mal behaupten. Ein einfaches Beispiel: »Ich fühl mich total malad!« ist ein typisch kölscher Ausspruch, wenn es dem Kölschen mal nicht so gut geht, was ja einer seiner Lieblingszustände ist, weil es dann mehr zu erzählen gibt. Malad! Französisch *malade*. Das ist das gleiche Wort mit der gleichen Bedeutung. Anderes Beispiel: Der Trottewa, das ist der Bürgersteig. Trottewa! *Trottoir!* Es ist die gleiche Sprache! Voulez-vous ein Kölsch mit mir trinken? Oder wie wär's mit dem Begriff: Klüngel. *Clin d'œil*. Klüngel, Leute! Kommt von clin d'œil, was »Augenzwinkern« heißt. Es ist doch absolut crazy, oder?

Wenn man mir sagt, dass es nur in Wien auch Plümo heißt ...

Dann gibt es so Begriffe, da weiß vermutlich ein Viertel der kölschen Bevölkerung nur, dass man das nur in Köln so nennt. Das Paradebeispiel dafür ist die Daunendecke.

Ganz Deutschland so: Daunendecke. Kastendecke. Bettdecke. Meinetwegen noch Steppdecke. Oberdecke. Zudecke.

Okay, ist klar.

Köln so: Plümo.

Völlig zu Recht reiben Sie sich jetzt vermutlich die Augen und denken: bitte was? Und echte Daunendecken-Fans werden jetzt vermutlich erzürnt das Buch zuschlagen. (Stellen Sie sich Daunendecken-Fans auch so eingewickelt in eine Decke vor, wo oben nur der Kopf rausguckt?) Aber so nennen das die meisten Kölner:innen und halten das für einen normalen, geläufigen, gesamtdeutschen Begriff. Das ist immer ein großes Hallo, wenn man als Kölner:in in der Fremde nach einem Plümo fragt. Kommt aber vom französischen *plumeau*, das eine Abwandlung von der *plume*, also der Feder ist. In Wien sagt man auch noch Plümo. Wer hätte das jemals gedacht, dass sich Kölsch und Wienerisch so nahekommen? Geh bitte. Da simmer dabei … dat is leeeeiiiiwand!

In die Fluten deuen

Ich hatte mal eine Band, die hieß Fritten und Bier. Und ich wollte in den Texten, die ich alle so im Alter von 16 bis 18 geschrieben habe, immer ganz viel. Ich wollte lustig sein, ich wollte ironisch sein, ich wollte andere Textarten auf den Arm nehmen. Aber trotzdem sollten meine Texte auch cool sein und sorgfältig gereimt. Diesen Anspruch hatte ich an mich selbst, und da waren wohl auch meine imaginären Textpaten wie Die Ärzte, die Lassie Singers, aber auch Die Fantastischen Vier nicht ganz unschuldig dran. Ich fand es auf jeden Fall immer witzig, *weirde* Themen zu finden oder schräge Bilder aufzumachen.

Ein Song von uns hieß »Egal«, und der war inhaltlich so, dass ich in der ersten Strophe davon singe, dass ich verlassen wurde, und im Refrain »rächt« sich das lyrische Ich dann an der Verflossenen, indem es singt: »Du warst mir schon immer ein bisschen egal …« Man merkt, dass es nicht stimmt, aber dass diese Person das jetzt als Selbstbetrug braucht, um die gescheiterte Beziehung auszuhalten. In der zweiten Strophe befinde ich mich eigentlich nur im Möbelhaus mit dem Möbelverkäufer Frank, bei dem ich einen Schrank kaufen will. Frank aber, alter Geschäftsmann, der er ist, versucht mir noch ein anderes Möbelstück anzudrehen. Dabei wird er auch ein bisschen aufdringlich, und ich brülle ihn an, mir doch einfach nur zu geben, was ich eigentlich haben

will. Resigniert willigt er ein, nur um mich dann im Refrain zu fragen:
»Wollen Sie nicht doch vielleicht ein bisschen Regal …« Ja, ich habe die
ganze Story in dem Song aufgebaut für den relativ simplen egal/Regal-
Gag. Und ich schäme mich nicht dafür! Auch wenn damals, als wir das
veröffentlicht haben, ein guter Freund von mir sehr traurig war, dass
dieses Lied, das ihn am Anfang so berührte, dann einem billigen Gag
geopfert wurde. Aber diesen Pfad muss man manchmal beschreiten.

Nun, warum erzähle ich das alles? Weil es im ersten, dem ernsten
Part des Songs eine schöne Zeile gab: »Du hast mich verlassen, denn du
hast 'nen Neuen« – so weit, so normal herzschmerzig. Erst mal nichts
Besonderes. Aber dann, die nächste Zeile, der Reim darauf: »Ach, wie
gerne würde ich euch beide in die Fluten deuen!« Deuen! Niemand hat
mir gesagt, dass das ein kölsches Wort ist! Wie soll man denn darauf
kommen? Das klingt doch wie ein ganz normaler gesamtdeutscher Begriff, den man für drücken/schieben/schubsen synonym verwenden
kann. Deuen! Mittlerweile kommt es mir wie das größte Alien-Wort
des Universums vor, aber damals: absolut normaler, aktiver Wortschatz.
Deuen. Kann man heute noch in dem Lied hören.

Jedes Gespräch ein Privatkonzert

Doch nicht nur diese heimlichen Begriffe, diese U-Boot-Wörter aus
dem Kölschen, machen großen Spaß: Der Kölsche an sich liebt seine
Sprache. Weil sie so einen Singsang hat, der sich sehr gut variieren lässt.
Je nach Tonhöhe und Geschwindigkeit kann man den Erregungsgrad
der kölschen Person ablesen. Die Melodie ist dabei bei allen gleich. Ich
kann keine Noten schreiben, ich versuch's trotzdem mal:

Mit Hein in seiner Kneipe Klein Köln – wir beide lieben unsere Sprache.

Mit dieser Melodie wird jeder Satz gebildet. Das endet immer wie eine Frage. Und alles, was Kölner:innen erzählen, ist ja auch immer eine Frage. Deswegen muss man als Zuhörender auch andauernd antworten. Aber keine Sorge, das geht irgendwann automatisch. Man gewöhnt sich einen Rhythmus an, in dem man »Jo … jo sischer … jo … klar« sagt. Der muss gerade so unregelmäßig sein, dass das Gegenüber den nicht als Rhythmus empfinden kann. Dann ist er perfekt. Jedes Gespräch ein Privatkonzert. Gut, alle singen denselben Song, aber wenigstens ändert sich der Text. Ist doch auch schön.

»Däm Chantal – sing Jürtel – sing Schnall«

Um noch mal auf den großen Konrad Beikircher zu kommen: Der hatte immer einen Gag in seinem Programm, der mir außerordentlich gut gefallen hat und der ganz schön beschreibt, wie herrlich kompliziert es sich die kölsche Sprache manchmal macht, einfach nur aus rhythmischen Gründen. Oder weil sie eleganter sein will, als sie ist. Oder, das ist vermutlich die richtigste Antwort: weil sie sich um gewisse Fälle keinen

Kopf gemacht hat, als sie entstanden ist. Beikircher erklärt dabei den kölschen Genitiv. Er leitet das auch gut her. Und kommt dann zu dem Begriff »Chantals Gürtelschnalle«. Der, laut Beikircher, auf Kölsch »Däm Chantal – sing Jürtel – sing Schnall« heißen würde, also »Der Chantal ihrem Gürtel seine Schnalle«. Und er beendet das mit den Worten, dass in Köln vielleicht nicht immer alles klar sei, aber Besitzverhältnisse dafür umso genauer. Ist natürlich eine Megapointe und gleichzeitig so ein wundervolles Beispiel höchster, schöner, kölscher Sprachkunst. Also im Grunde genommen: Mundart.

Kölsch ist dabei ein so reger, agiler Dialekt. Ich habe einmal ein Buch gelesen, in dem Kölsche in den verschiedenen Stadtvierteln interviewt wurden. Meistens haben sie einen Schwank aus ihrem Leben, ein »Verzällcher«, wie man auf Kölsch sagt, erzählt. Und dabei wurde in diesem Buch klar, dass sich Kölsch schon oft von Viertel zu Viertel verändert, teilweise eklatant. Ist das nicht absolut verrückt? Ein Dialekt, den es eh nur in einer Stadt gibt, der sich dann sogar noch innerhalb der Stadt ändert? Von Straße zu Straße? Komme ich immer noch nicht drüber hinweg.

Was Kölner:innen mit den Italienern gemein haben, ist so ein herrlich unbedarftes Fehleinschätzen der eigenen Sprache.

Ich verstehe zum Beispiel Italienisch ganz okay. Sprechen kann ich es aber viel schlechter. Das hält mich aber nicht davon ab, es trotzdem zu tun, weil es so einen großen Spaß macht, andere Sprachen zu sprechen. Das ist super! Dafür bin ich auch sehr dankbar. Wenn man zum ersten Mal eigene Sätze konstruiert aus dem, was man zur Verfügung hat, das ist ein tolles Erfolgserlebnis. Ich überlege mir Sätze meistens sehr weit im Voraus, damit ich sie dann in der jeweiligen Situation punktgenau anbringen kann. Mache ich in Italien immer so. Und dann passiert das Schönste, was es gibt: Italiener freuen sich so sehr, wenn man versucht,

Italiener geben mir immer das Gefühl, perfektes Italienisch zu sprechen.
Und Kölsche denken, dass sie jeder versteht.

Italienisch zu sprechen, dass sie einem vermutlich aus Höflichkeit gleich andeuten wollen, dass man gerade perfektes Italienisch gesprochen hat, und antworten auf die geradebrechte Frage in ihrem völlig normalen, italienischen Hochgeschwindigkeits-Flow. Ich liebe das. Ich fühle mich in solchen Momenten sehr angenommen und geliebt. Gut, ich verstehe dann gar nix. Aber das macht nichts. Ich bin jetzt einer von ihnen, das ist doch wunderbar.

Und so kann es einem mit Kölschen auch sehr schnell gehen: Kölsche haben kein Gefühl dafür, was Dialekt ist und was nicht (habe ich ja oben demonstriert). Sie denken, dass sie jeder immer versteht. Und deswegen werden sie immer auf Kölsch antworten, egal was man sie fragt. Und wenn man sie darum bittet, hochdeutsch zu antworten, werden sie weiter Kölsch sprechen, nur langsamer und gedehnter. Das ist vielleicht das tollste Schauspiel, dass es gibt. Kölner:innen werden auch nie verstehen, warum man ihre Lieder nicht ruckzuck mitsingen kann. Da empfiehlt es sich dann, wieder das zwölfjährige Ich zu *channeln*, das damals mit dem Tennisschläger vor dem Spiegel stand und »Billie Jean is not mai lowa! / Schissjuss a görl husinks sät i am the won. / Batt se kid ist not my sun!« gesungen hat. Lautmalerei. Geht bei kölschen Liedern super. Wird garantiert niemand merken.

Übrigens: Wer ganz unsicher ist, wie etwas heißt oder was etwas heißt, für den gibt es als Anlaufstelle die »Akademie för uns kölsche Sproch«. Ja, richtig gelesen, es gibt eine Kölsch-Akademie. Die hat sich der Pflege und Dokumentation der kölschen Sprache verschrieben. Das ist meistens sehr interessant. Gelegentlich schießt sie etwas übers Ziel hinaus, denn natürlich ist Sprache dauernde Veränderung, und was noch vor 20 Jahren als Hochkölsch galt, muss heute nicht mehr stimmen. Aber das wissen die selber. Und machen einen großartigen Job. Auf ihrer Homepage kann man folgende alarmierende Situation lesen:

»Im Atlas der bedrohten Sprachen zählt die UNESCO Kölsch zu einer gefährdeten, wenn nicht sogar ernsthaft gefährdeten Varietät. Sie definiert die Gefährdungsgrade, von denen das Kölsche betroffen ist, wie folgt:

- Als potenziell gefährdet gilt eine Sprache mit einer relativ hohen Sprecherzahl, die mindestens in großen Teilen ihres Verbreitungsgebiets auch an die jüngeren Generationen weitergegeben wird, jedoch nicht offizielle Verwaltungssprache und/oder nicht im Bildungswesen präsent ist.
- Eine Sprache gilt als gefährdet, wenn sie nicht mehr von Kindern zu Hause als Muttersprache erlernt wird.
- Eine Sprache gilt als ernsthaft gefährdet, wenn nur noch die Großeltern einer Familie der Sprache mächtig sind und schon die Elterngeneration diese eventuell noch versteht, jedoch nicht mehr nutzt.

Die größte Bedrohung für eine Sprache besteht demnach darin, dass sie im familiären Kreis nicht mehr oder nur noch ganz selten an die nächsten Generationen weitergegeben wird. Wird eine Sprache im Elternhaus nicht mehr gesprochen, kann sie von der nächsten Generation nicht mehr als Muttersprache gelernt werden.

OMG! Kölsch ist laut UNESCO ernsthaft gefährdet!

Der Fall ist klar: Wir müssen alle Kölsch sprechen. Auch Sie. Am besten ab jetzt sofort.

SCHÖNE KÖLSCHE REDEWENDUNGEN
(Original, Hochdeutsch und Bedeutung)

Driss am Schuh! (Scheiße am Schuh!): Dumm gelaufen!

Do Jeck im Rän! (Du Freak im Regen!): Du Quatschkopp!

Jank mit Jott, ävver jank. (Geh mit Gott, aber geh.): Geh, bitte.

Sidd esu jot! (Seid so lieb!): Könntet ihr mir einen Gefallen tun?

Leck mich in de Täsch! (Leck mich in der Tasche!): Boah!

Ne drüsche Pitter. (Ein trockener Peter.): Jemand Superlangweiliges.

Do Kniesbüggel! (Du Drecksbeutel!): Du Geizhals!

Ovends danze un springe, morjens de Botz nit mih finge. (Abends tanzen und springen, morgens die Hose nicht wiederfinden.): Der Beginn eines jeden »Walk of Shame«.

Wie geil war das denn! Früher habe ich im Sixpack Rolling-Rock-Bier aus den USA getrunken.

AUSWAHL MEINER LIEBS-TEN KÖLNER KNEIPEN

Metronom

Das Metronom ist eine Kneipen-Legende in Köln. Hinterm Tresen steht eine riesige Jazzplatten-Sammlung, und der Wirt legt immer wieder bedächtig eine Platte auf. Die Stammgäste unterhalten sich am Tresen darüber, welche Live-Aufnahme die beste sei, und der Wirt spielt sie alle nacheinander, damit man die Unterschiede hören kann. Und dann wird gelauscht und weiter Bier getrunken. Nirgendwo auf dieser Welt habe ich den Zauber von Jazz besser verstanden als in diesem Laden. Ich wette, Helge Schneider würde ihn lieben (wenn er ihn nicht sowieso kennt – den sollte ihm wirklich unbedingt mal jemand gezeigt haben).

• Weyerstraße 59, 50676 Köln
  www.metronom.koeln

Sixpack

Das ist eine der legendärsten Kneipen in Köln. Die gibt's seit 1987. Ich weiß noch, wie wir in den 90ern gesagt haben: »Das ist so eine geile Kneipe! Die haben da nur Kühlschränke hinter der Bar und Bier aus aller Welt!« Wir empfanden das dann als sehr kosmopolitisch, dort hinzugehen und ein Rolling-Rock-Bier aus Amerika zu trinken. Das war ein großartiges Gefühl. Damit kann man heute vielleicht niemanden mehr beeindrucken, eine Legende ist die Bar aber nach wie vor. Da sollte man schon mal gewesen sein. Und weil die sowieso immer voll ist, lernt man da sicher auch Leute kennen, mit denen man den Rest des Abends verbringen kann.

• Aachener Str. 33, 50674 Köln
  www.sixpack-koeln.de

Klein Köln

»Seit 1926 im Hätz vun Kölle« und »kultige Milieu-Kneipe. Ein Muss für jeden Nachtschwärmer« – so steht es auf der Homepage, und das sagt eigentlich auch schon alles. Früher Treffpunkt von Boxern und deren Fans und eine absolute Institution in der Altstadt. Nur schade, dass Heinz Rockstroh, Kölsches Original, genannt »Hein«, mittlerweile nicht mehr selbst hinter dem Tresen steht. Das ist übrigens die Kneipe, in der ich mal im Sparverein war.

• Friesenstraße 53, 50670 Köln
  www.klein-koeln.com

Nirgendwo habe ich den Zauber von Jazz besser verstanden als im Metronom.

Unsere Zuneigung zu Köln können wir gar nicht oft genug zum Ausdruck bringen. Und die zum Dom.

13

Ausklang

Aufgepasst: Nix ist da frisch gezapft, das sind Kerzen aus einem Kerzenladen in der Südstadt.

Kölner:innen haben das Paradies noch nicht erreicht – aber es sich auf dem Weg dahin schon sehr gemütlich gemacht.

»Mer muss et Beste hoffe, et Schläächte kütt von selvs«*

Nach diesem Ritt durch kölsche Gewohnheiten, Eigenheiten und Ansichten kommen wir zum Fazit: Was können wir von Kölner:innen lernen, um unsere Welt zu einer besseren zu machen, oder wenigstens, um unser Leben schöner zu gestalten?

Wie viel ist davon Regel oder Gesetz, wie viel Tradition und wie viel wird jedes Mal neu ausgehandelt? Was ist das große Geheimnis hinter der kölschen Lebensart? Und kann man das lernen? Auch als, zum Beispiel, Düsseldorfer (ja, gut, da ist es wirklich am schwersten)?

Auf den vergangenen Seiten haben wir tief in die kölsche Seele geblickt (oder war es am Ende meine Seele?). Um jetzt all der erwartbaren Kritik entgegenzutreten:

Natürlich wurde dieses Buch mit einer Köln-Brille geschrieben, womit denn auch sonst?

Ich kann dieser Welt die Vorzüge von Kölle kaum ausreichend erklären, wenn ich alle drei Seiten relativiere und aufschreibe, was ganz besonders schiefläuft. Aber ja, falls Sie das brauchen und es Sie glücklich macht: In Köln läuft beileibe nicht alles perfekt. Die Stadt hat auch ihre Defizite, normal. Wir haben das Paradies noch nicht erreicht. Aber: Wir haben es uns auf dem Weg dorthin schon so gemütlich wie möglich gemacht.

---

* »Man muss das Beste hoffen, das Schlechte kommt von selbst«

Nun, was läuft denn nicht so gut?

Die Verwaltung. Die Verwaltung in Köln ist ein Alptraum für jeden, der irgendwie mit ihr zu tun hat. Damit meine ich nicht die Kundendienst-Ebene. Einwohnermeldeämter haben in Köln immer Leute dasitzen, die einem helfen wollen. Auch als ich mal ein Jahr arbeitslos war, nach meiner Zeit bei Viva, hatte ich in Köln eine fast aufopferungsvolle Sachbearbeiterin, die nicht ganz meiner Vision folgte, aber mir ständig versuchte, mir gut zuzureden. Sie fragte mich regelmäßig: »Was wollen Sie denn jetzt machen, Herr Bokelberg?«, und ich sagte immer: »Na, ›Wetten, dass ...?‹ moderieren«, worauf sie immer, fast flehentlich antwortete: »Aber wollen Sie nicht erst mal das Abitur nachholen?« Kein ganz unberechtigter Einwand, auch wenn ich das damals eher nicht so sah.

Jedenfalls: Die Stellen, an denen die Verwaltung übernimmt, so was wie das Ordnungsamt – da wundert man sich dann doch immer wieder, dass diese Menschen in Köln sitzen. Da wird dann oft plötzlich mit übertriebener Härte reagiert, werden Zentimeter-Verordnungen auf den Millimeter genau kontrolliert und das eigene Ermessen in gnadenlosester Härte ausgelegt. Gastronomen, die einen Tisch vor die Tür stellen, können ein Liedchen davon singen. Ordnungsamt-Mitarbeiterinnen und -Mitarbeiter sind entweder dazu angehalten, mit maximaler Strenge vorzugehen, oder sie gefallen sich in der Rolle – beide Varianten lassen kein gutes Licht auf ihre Behörde scheinen. Und so wundert man sich immer wieder, wie einem solche Leute in Köln begegnen können. Vor allem in den Amtsstuben.

Köln hat auch ein Rassismus-Problem. Nicht nur in dem Ausmaß, wie es das im ganzen Land gibt. Aber da, wo Rassismus auf irgendwelche »Traditionen« trifft, da gibt er sich gerne sehr verständnislos. Vor allem im Karneval. Viel zu lange hatten Vereine noch das N-Wort im Namen oder verkleideten ganze Gruppen mit Bastrock und Blackface und gingen beim Zoch mit. Dass das nicht mehr geht, dieses Bewusstsein ist erst in den letzten Jahren im Karneval angekommen. Dass die Aufarbeitung von Rassismus so zäh und langsam verläuft, tut mir in der Seele weh. Wenn ich auch verstehe, dass viele Ältere sich wundern, warum es für sie gefühlt »plötzlich« ein Problem ist, etwas zu sagen, was sie

Köln mit seiner Supertoleranz und seiner queeren Szene ist nicht umsonst
das Zentrum der deutschen LGBTQIA+-Welt.

schon immer gesagt haben. Aber es war niemals okay, das N-Wort aus-
zusprechen, auch wenn man das nicht rassistisch gemeint hat. Ist aber
trotzdem rassistisch. Und da wir alle wollen, dass sich alle Menschen
verstehen und bei uns wohlfühlen, gerade als Kölsche, die wir so stolz
auf unsere Supertoleranz sind, müssen wir eben jetzt ganz besonders
aufmerksam sein und dafür sorgen, dass Kölle seinem Ruf gerecht wird.

Es tut weh und macht keinen Spaß, sich eingestehen zu müssen, dass
man vielleicht auch ungewollt rassistisch handelt und gehandelt hat,
aber das gehört zu dem Prozess dazu und ist noch ein verhältnismäßig
kleiner Preis im Gegensatz zu dem, den die zahlen mussten, die Zeit
ihres Lebens unter Rassismus leiden müssen. So. Musste mal gesagt werden. Es ist auch viel zu wenig Raum für diese Debatte an dieser Stelle.
Ich will die nicht so abwürgen, es gibt nur Menschen, die die deutlich
klügeren Gedanken dazu aufgeschrieben haben. Besonders empfohlen

sei an dieser Stelle das Buch »Was weiße Menschen nicht über Rassismus hören wollen: aber wissen sollten« von der Kölnerin Alice Hasters. Daraus habe ich sehr viel gelernt.

Der Wohnungsmarkt ist in Köln mittlerweile ein ganz schlechter Witz. Wuchermieten und Haus- und Wohnungseigentümer, die sich die Taschen vollmachen, weil es so begehrt ist, in der Stadt zu wohnen. Das ist nicht mehr feierlich, wirklich nicht. Dazu eine Bauwirtschaft, bei der auch nicht alles immer mit rechten Dingen zuzugehen scheint und permanente Fehlkalkulationen oder gleich Fehlberechnungen, die dann zu solch tragischen Ereignissen wie dem eingestürzten Stadtarchiv führen.

Ich könnte ewig so weitermachen, aber so beendet man nicht so ein Buch. Ich wollte nur verdeutlichen, dass selbst die Kölschen nicht alles nur durch die rosarote Brille sehen.

Es gibt in der Stadt schon seit jeher einen ganz guten Kompass, was falsch läuft und was mal geändert werden muss.

Aber richtig ist auch, dass der Kölsche da manchmal etwas zu gleichgültig ist. »Et hätt noch immer jot jejange« ist manchmal die falsche Einstellung.

So kann man die Heimat besser genießen

Ich vermisse Köln, immer wenn ich nicht da bin. Ich werde niemals müde, in der Fremde zu erzählen, das Köln die beste Stadt der Welt ist. Ich habe noch Familie dort, einige meiner besten und liebsten Freunde leben da, es ist viel wärmer als zum Beispiel Berlin. Köln wird stets meine große Liebe bleiben. Aber wissen Sie was: Ich bin froh, dort nicht zu leben. »Nanu«, wird sich der eine oder die andere nun wundern, »das scheint doch etwas widersprüchlich«. »Aber nein«, sage ich da, »ganz und gar nicht: Wenn ich jetzt nach Köln komme, mache und sehe ich nur alles, was ich mag und liebe. Dieser Luxus, Tourist in der eigenen Heimat zu sein, macht sie mir gleich noch mal so schön. Ich muss keinen Alltag organisieren, ich kann mich durch die Stadt treiben lassen, kann überall rein, wo ich vielleicht nicht reingehen würde, würde ich dort wohnen. Weil ich immer denken würde: ›Ach, ich wohne ja hier, kann ich ja morgen rein.‹ Man kann seine Heimat kaum besser genießen als so.«

Jeder meiner Köln-Aufenthalte ist ein ganz bewusster Köln-Akku-Recharge. Und ich genieße das in den vollsten Zügen. Ich geh ins Brauhaus, ich geh ins Museum Ludwig, ich geh in all die Kneipen, die mich interessieren. Ich kaufe mir FC-Fanartikel im Supermarkt, ich trinke Kölsch vom Fass, ich diskutiere am Tresen und tanze durch die Nacht. Ich besuche alte Orte, ich entdecke neue Orte. Und ich habe stets das Gefühl, zu Gast und gleichzeitig zu Hause zu sein.

Bonding-Momente mit Alfred Biolek

Nun, wie funktioniert es also, dieses Köln? Warum lieben die Leute ihre Stadt mehr als andere, warum hat Köln ein so hohes Identifikationspotenzial? Was kann die Welt von Köln lernen?

Mein Nachbar vis-à-vis von meiner ersten Wohnung in Köln, in der ich mit 18 lebte, war Alfred Biolek. Dem hat das Haus gegenüber in der Straße gehört. Anfangs sind wir uns beim Bäcker auf der Ecke über den Weg gelaufen. Er, die große Fernsehprominenz, ich, der junge, wilde Fernsehneuling. Für die Leute, die in dieser Straße gewohnt haben, muss das ein verrückter TV-Kosmos gewesen sein. Aber wir haben uns gegrüßt, wie man das so unter Nachbarn aus dem gleichen Kosmos macht. Er hat mich dann in seine damalige Talk-Sendung eingeladen, »Boulevard Bio«. Und da haben wir, on air, über unsere freundliche Bäckerin aus Polen gesprochen und wie sehr wir sie beide mochten. Das hat mir nicht nur am nächsten Tag ein Gratis-Käsebrötchen eingebracht, sondern war auch ein erster Bonding-Moment zwischen Alfred und mir. Er hat mich dann mal zu sich eingeladen, zu einem Essen mit Freunden. Das war ein schöner Abend, und ich hatte es nicht weit, als er zu Ende war. Manchmal haben wir telefoniert, wenn er zum Beispiel eine Party zu Hause hatte und sah, dass bei mir noch Licht brannte – er konnte mir problemlos ins Zimmer gucken.

Seit 2007 ziert der vier Meter hohe Schriftzug »Liebe deine Stadt« die Innenstadt – er soll für die historische Architektur von Köln sensibilisieren.

Nun hatte ich eines Tages eine Frau zu Besuch, die ich sehr toll fand. Ich war ein wenig verknallt. Sie war eine sehr besondere Frau, sie hatte etwas enorm Elegantes. Sie war ein paar Jahre älter als ich, und ich war tierisch angezogen von dieser fast damenhaften Weiblichkeit, die sie ausstrahlte. Und so saßen wir bei mir in meinem Chaos-Zimmer. Der Abend lief aber trotzdem ganz gut. Ich wollte ihr nur noch etwas Tolles bieten. Und sie mochte Wein. Gut, hatte ich natürlich nicht zu Hause. Ich bat sie kurz um Entschuldigung, ging ins Nebenzimmer und griff zum Telefon. Ich rief meinen Nachbarn Alfred an: »Alfred, ich hab eine tolle Frau hier, die finde ich Hammer. Die möchte gerne Wein trinken, ich hab aber gar keine Ahnung von Wein. Kannst du mir helfen?« Und ich werde niemals vergessen, wie er, ohne einen Augenblick zu zögern, sagte: »Nilz, komm rüber, ich hab doch den ganzen Keller voll Wein!«

Ich sagte meinem Gast, dass ich sofort wieder da sei, dass ich ihr nur schnell einen Wein holen würde, trat auf die Straße, ging rüber, und da stand Alfred schon in seiner Wohnungstür mit zwei Flaschen Wein in der Hand. Er erklärte mir noch ein bisschen was über den Wein, sagte,

Abendliches Treiben in der Kyffhäuserstraße – als Jugendlicher zog es mich hier jedes Wochenende hin.

wenn ich noch Nachschub bräuchte, solle ich nur anrufen, und lud meinen Schwarm und mich am nächsten Abend zum Essen bei sich ein. Er würde nix Besonderes machen, nur einen Coq au Vin.

Und so gingen wir am nächsten Abend bei Alfred essen. Es war ein wundervoller, lustiger Abend, an dem Alfred mir noch ins Gewissen redete, dass ich Film studieren solle, und er alles versuchte, um meinen Schwarm von mir zu überzeugen. Hat nicht geklappt. Aber war trotzdem ein fantastischer, unvergessener Abend bei einem herzensguten Nachbarn und Freund. Den ich übrigens sehr vermisse. Auch wenn wir uns, nachdem ich weggezogen bin, nie wiedergesehen haben. Ich weiß, hätte ich nach Jahren dort geklingelt und um eine Flasche Wein gebeten – Alfred hätte nicht mit der Wimper gezuckt und mir eine, zwei oder so viele ich bräuchte gegeben. Er fehlt.

Und das ist Köln. Alles an dieser Geschichte ist Köln. Das Sich-füreinander-Interessieren. Der Versuch, sich zu helfen, vor allem, wenn man es zufällig kann. Und dieses Zusammensein, als würde man sich schon 100 Jahre kennen, obwohl man sich noch nie gesehen hat. Und keiner der drei Leute, die an dem Abend beim Essen zusammensaßen, kam gebürtig aus Köln. Aber alle haben es gefühlt.

Am Tresen des Königswasser

Andere Geschichte: Mein bester Freund Waldi aus Wesseling und ich, wir sind ab einem gewissen Alter am Wochenende immer mit der Bahn nach Köln gefahren. Zum Ausgehen. Mit der Linie 16 bis zum Barbarossaplatz und dann meistens auf die Kyffhäuserstraße. Das war eine Ausgehmeile, auf die vor allem Wesselinger gegangen sind. Wie komisch eigentlich. Da kommt man aus Wesseling, um in die große Stadt zu gehen, und da trifft man auch wieder nur Wesselinger. Um die Ecke waren aber noch ein paar legendäre Läden, wie das Luxor oder das Blue Shell. Im Luxor hat damals jeden Sonntagabend Guildo Horn gespielt. Das waren in den frühen 90ern eine Art Gottesdienste in Ironie. Herrlich. Auch der Rose Club war da, einer von Kölns wichtigsten Punkläden. Auf der Kyffhäuser waren jedenfalls Läden mit so Namen wie »Marotte« oder »Dschungel«. Wie es sie eigentlich in jeder Großstadt gibt. Und die sind auch überall gleich. Rock- und Metal-Läden für Menschen, die zum ersten Mal ausgehen. Und wir immer mittendrin.

Irgendwann haben Waldi und ich aber auch angefangen, uns den Rest der Stadt zu erobern. Weil es ohne Ende coole Läden gab. Und einer davon war das Königswasser. Das war eine Bar, die statt eines Fensters ein Aquarium hatte – saucool. Und da sind wir eines Abends gelandet und haben Kölsch getrunken. Es war schon spät. Und es war klar: Wir würden die letzte Bahn nach Wesseling nicht mehr kriegen. Jetzt war guter Rat teuer. Eigentlich hatten wir keine andere Chance als durchzumachen und mit der ersten Bahn gegen sechs Uhr morgens zurückzufahren. Mit 16 hat man noch die Energie, das zu tun – aber Bock hat das da auch nicht gemacht. Und so standen wir am Tresen des Königswassers, klammerten uns an unser Kölsch und überlegten, was wir tun sollen.

Es war schon relativ leer, der Laden würde bald schließen. Die Bedienung war supernett, und mit der Nonchalance, wie sie nur 16-Jährige haben, fassten wir uns ein Herz: Wir erklärten ihr unsere Situation und fragten, ob wir nicht bei ihr pennen könnten. Einfach so, weil sie so nett war. Und sie sagte ja! Zum Glück wohnte sie um die Ecke und hatte zudem Fußbodenheizung. Sie improvisierte uns ein Bett, und am nächsten Morgen frühstückten wir noch alle drei zusammen, bevor Waldi und ich in den neuen Tag gingen. Wie cool und unkompliziert war das denn? Viele Jahre später traf ich sie auf einer Veranstaltung wieder, und sie fragte mich, ob ich mich erinnern würde. Nachdem sie mir kurz auf die Sprünge half, wusste ich sofort Bescheid und hab mich total gefreut, sie wiederzusehen. Und rechne ihr diese Coolness von damals total hoch an.

Es sind diese Art von Anekdoten und Anekdötchen, die die Kölner:innen so lieben, die sie gerne über ihre Stadt erzählen.

Und sie damit vielleicht lebendiger machen als andere Städte.

Und: Kölner:innen setzen auch alles daran, dass jeder, der sie besuchen kommt, mit mindestens einer Anekdote nach Hause fährt. Viel-

leicht muss man sich auch darauf als Stadt einigen: Nicht Gästen gegen-
über cool tun, sondern versuchen, dass alle, die gleichzeitig an einem
Ort sind, dort die maximalst beste Zeit haben können. Gute Laune ist
Teamarbeit.

Ein ungemein perfekter Ort

Köln ist ein eigener Planet. Köln ist das gallische Dorf im deutschen
Römerland – obwohl es durch und durch römisch ist. Köln ist bunt und
aufregend. Köln ist die nächstmögliche Paradies-auf-Erden-Version
unter deutschen Städten. Das verdankt Köln seinen Einwohnern, seiner zentralen Lage, seiner Gemütlichkeit, seiner queeren Szene, die die
Stadt zum Zentrum der deutschen LGBTQIA+-Welt gemacht hat, seinem Sendungsbewusstsein, seinen hässlichen Gebäuden, ja auch seinen
schönen Gebäuden, seiner niedrigschwelligen Möglichkeit sich zu ver-
netzen, seinem Nebeneinander von Historie und Moderne, vom Beginn
der Zivilisation bis heute, auch seiner Internationalität, die gleichzeitig
so provinziell ist. Und natürlich dem Karneval. Und dem schönen Dom.

Ach, ich wünschte, Sie alle könnten das Leben durch die Augen von
Kölner:innen sehen. Ich wünschte, Sie würden Berlin, Frankfurt, Leip-
zig, Dresden, Hamburg, München, Stuttgart so sehen, wie Kölner Köln
sehen. Sich an den schönen Dingen erfreuen und die doofen zum Teufel
jagen. Ich wünschte, ich könnte Ihnen besser erklären, was das Leben
als Kölner:in so lebenswert macht. Aber manches muss man vielleicht
doch einfach erleben. Ich hoffe zumindest, ich konnte Sie motivieren,
Köln noch mal ganz neu zu erleben. Oder überhaupt, falls Sie noch nie
da waren.

Ich freu mich heute so, nach Köln zu fahren, wie ich mich als Kind
aufs Phantasialand gefreut hab: Ich denke die Nacht vor dem Besuch die
ganze Zeit drüber nach, was ich alles machen will, und wenn ich dann
da bin, merke ich sofort, dass ich mich treiben lassen muss, um den Ort
perfekt zu erleben.

Und so beenden wir unseren kleinen Ausflug, wie wir ihn begonnen
haben, mit einem Zitat von Heinrich Böll:

»Köln gibt's schon – aber es ist ein Traum.«

Nach Köln zu fahren ist für mich wie ins Phantasialand zu fahren – die Stadt ist einfach ein Traum, der schon existiert.

Und noch
mehr Köln

Das lohnt sich außerdem

Sie haben nun meine Lieblingsorte in Köln kennengelernt. Darüber hinaus gibt es jedoch noch einige weitere Sehenswürdigkeiten, die Sie nicht verpassen sollten.

SEHENSWERTES

Flora

Für Naturfreunde lohnt sich ein Besuch im Kölner Botanischen Garten. Mehr als 10 000 heimische und exotische Pflanzenarten gedeihen hier in Gewächshäusern und unter freiem Himmel in diversen Themengärten. Mittelpunkt der Anlage ist die ebenfalls »Flora« genannte Festhalle mit dem Gartenlokal Dank Augusta, auf dessen Terrasse es sich bei gutem Wetter bestens sitzen lässt.

• Alter Stammheimer Weg,
  50735 Köln
  www.freundeskreis-flora-koeln.de

Melatenfriedhof

Auf dem ältesten Friedhof der Stadt mit mehr als 50 000 Gräbern findet man einige letzte Ruhestätten bekannter Kölner:innen, unter anderem von Alfred Biolek, Dirk Bach, Willy Millowitsch. 1980 wurde die parkähnliche Anlage unter Denkmalschutz gestellt, so dass sich ein regelrechtes Biotop in der Großstadt entwickeln konnte: Zahlreiche Tiere, darunter rund 40 Vogelarten, haben hier ein Zuhause gefunden. Besuch auch mit Führung möglich.

• Aachener Straße 204, 50931 Köln

Rhein-Seilbahn

Vom Zoo (linksrheinisch) über den Rhein zum Rheinpark nach Deutz (rechtsrheinisch) schweben oder andersrum – 44 Gondeln tun das seit über 60 Jahren. Gebaut wurden sie für die Bundesgartenschau, die 1957 in Köln stattfand. Einen tollen Blick hat man von hier oben auf die Umgebung, die Stadt und den Fluss. Allerdings sollten Menschen, die nicht schwindelfrei sind oder Höhenangst haben, vielleicht lieber die Brücke nehmen und zu Fuß gehen.

Im Rheinpark, ebenfalls Teil der BUGA von 1957 (und auch von 1971), sind einige Anlagen erhalten geblieben, so zum Beispiel diverse Zierbrunnen und Themengärten.

Von den Gondeln der Rhein-Seilbahn hat man – wie sollte es auch anders sein –
einen Blick auf den Dom.

Schokolade essen im Schokoladenmuseum.

• Riehler Straße 180, 50735 Köln

  www.koelner-seilbahn.de

Romanische Kirchen

Zwölf große romanische Kirchen
stehen in Köln, so viele wie in keiner
anderen deutschen Stadt. Jede ist
anders und hat ihre Besonderhei-
ten. Zu den ältesten Bauten gehören St. Pantaleon in der Südstadt
und Groß St. Martin am Rheinufer
in der Altstadt. Jüngeren Datums
sind St. Kunibert zwischen Zoo- und
Hohenzollernbrücke, St. Severin in
der südlichen Altstadt und St. Maria
Lyskirchen gegenüber dem Schokoladenmuseum. Führungen bietet
unter anderem der Förderverein Ro-
manischer Kirchen Köln an.

• www.romanische-kirchen-koeln.de

Schokoladenmuseum

Auf über 4000 Quadratmetern Aus-
stellungsfläche und im Tropenhaus
lernt man, wie weltweit Kakao gewonnen wird, und sieht dann alles,
was mit Schokolade schon früher
möglich war und bis heute ist. Zur
Belohnung landet man am Schluss
beim drei Meter hohen Schokola-
denbrunnen, an dem man frische
Schokolade selbst kosten kann. Wie
gut kann bitte ein Museum sein?

• Am Schokoladenmuseum 1a,
  50678 Köln

  www.schokoladenmuseum.de

ESSEN & TRINKEN

Christines Rievkoochebud

Die Rievkoochebud in der Altstadt
hat neben klassischen Soßen auch
eigene Kreationen: Lachscreme,
Kräuterquark, Knoblauch- oder
Pilzrahmsoße. Inhaberin Christine
kredenzt krosse und saftige
Rievkooche, die in Köln einen sehr
guten Ruf haben.

• Salzgasse 6, 50667 Köln

  www.instagram.com/
  rievkoochebud

AUSGEHEN

Greesberger

Das Tolle am Greesberger ist seine
sensationelle Unspektakulärigkeit.

Was habe ich schon Nächte an diesem Tresen verbracht, neue Schnäpse erfunden oder mich mit internationalen Studenten aus der nahe gelegenen Musikhochschule über Komponisten gezankt – nur, damit wir uns danach gegenseitig noch eine Runde Kölsch ausgegeben haben. Diese Kneipe ist ein *rabbit hole*.

• Greesbergstraße 11, 50668 Köln

Sternhagel Bar

In diese Kneipe muss man wollen. Das Punk-Refugium liegt ein bisschen ab von Schuss, aber es lohnt sich – zumindest, wenn man auf Punk steht. Der Name ist Weltklasse, die Bedienungen sind immer super drauf, der Sound ist natürlich perfekt, es gibt seltsame Schnäpse und der Billardtisch immer besetzt – egal. Wer in eine Punkkneipe geht, um Billard zu spielen, hat eh die Kontrolle über sein Leben verloren, finde ich.

• Krefelder Straße 101, 50670 Köln

www.sternhagel.koeln

ÜBERNACHTEN

25hours Hotel The Circle

Ich liebe dieses superseltsame Hotel, Kölner Ableger der 25hours-Hotelkette mit dem Namen »The Circle«, das in eine ehemalige Konzernzentrale gebaut wurde und wirkt, als hätte sich die Architektur ein Bond-Bösewicht in den 1960ern ausgedacht. In dem Hotel gibt es viel zu entdecken. Die Zimmer sind liebevoll und verspielt eingerichtet. Und der Frühstücksraum im Neni-Restaurant im obersten Stock mit einem herrlichen Blick über die ganze Kölsche Skyline ist genial, um den Tag zu starten.

• Im Klapperhof 22–24, 50670 Köln

www.25hours-hotels.com/hotels/koeln/the-circle

Ein Hotel wie in einem Bond-Film: Im Aufzug des Hotels The Circle.

Mini-Dolmetscher Kölsch

Müffele un Süffele – Behaglich essen und trinken

Äädappel – Kartoffel
Beihau – Beilage
Bratkartoffeln – Bratkartoffeln
Broode – Braten
Brootwoosch – Bratwurst
Bubbelwasser – Schnaps
decke Bunne – Dicke Bohnen
Doosch – Durst
Fladerdier – Brathähnchen
Fläutekies – Quark
Flöckfooder – Fastfood
Flönz – Blutwurst
Fooderkaat – Speisekarte
halve Hahn – Roggenbrötchen mit altem Gouda
Hämsche – Eisbein
Himmel un Ääd – gekochte Kartoffeln und Äpfel, gebratene Blutwurst und Zwiebeln
Jemöös – Gemüse
Jihdoosch – plötzlicher Durst
Klätsch – Portion, Schlag
Kloore – Schnaps, Klarer
Kölscher Kaviar – Blutwurst mit Zwiebeln

Mostert – Senf
Muuzemändelcher – fettgebackenes Karnevalsgebäck
Öllisch – Zwiebel
Päädshunger, Schleess – Heißhunger
Pittermännsche – 5- oder 10-Liter-Fass Kölsch
Quallmänner – Pellkartoffeln
Reemscheskooche – Apfeltorte mit püriertem Apfel und Teiggitter
Rievkooche – Kartoffelpuffer
Röggelsche – kleines Roggenbrötchen
Schabau – Schnaps, Branntwein
schnabbeleere – essen, schmausen
Schukelaad – Schokolade
süffele – genüsslich, langsam trinken
Suurbroode – Sauerbraten
suure Kappes – Sauerkraut
Tillekatess – Delikatesse
Lommer ens eine drinke jon! – Lasst uns einen trinken gehen!
Isch krije noch e Bier. – Ich hätte gern noch ein Bier.
Isch han noch nix em Liev. – Ich habe noch nichts gegessen.

Em Alldag – Im Alltag

Daach zesamme! – Guten Tag allerseits!
Noovend! – Guten Abend!
Maach et joot! – Mach's gut!
Tschö! – Tschüss!
ija, ijoo – ja, jawohl
enä – nein
Vörmeddaach – Vormittag
Meddaach – Mittag
Nommedaach – Nachmittag

Oovend – Abend
Naach – Nacht
Moondaach – Montag
Dinsdaach – Dienstag
Mettwoch – Mittwoch
Donnersdaach – Donnerstag
Friedaach – Freitag
Sambsdaach – Samstag
Sunndaach – Sonntag

Danksagung

Erst mal danke ich meinen Eltern, die mich das Rheinland immer haben erleben lassen, auch wenn ich mal nicht wollte – davon profitiere ich heute sehr.

Ich danke all meinen Freunden aus Köln, die die Stadt für mich so einzigartig und speziell machen, bei jedem meiner Besuche.

Vielen Dank vor allem an meine kölsche Kylie Suzie (und Schorle), die immer mein Kölner Exil ist.

Danke an meine Frau Maria, die mich nicht nur bei diesem Buch aus Leibeskräften unterstützt hat, sondern die mich auch regelmäßig nach Köln schickt, weil sie sich freut, wie wohl ich mich dort fühle.

Danke an meine Agentinnen Diana und Nancy, die dieses Buch mit mir eingetütet haben.

Danke an Philip Laubach und Anne-Katrin Scheiter von POLYGLOTT/ GU, mit denen ich mich bis zu diesem Buch durchgearbeitet hab. Fühle mich jetzt wie die kölsche Raupe Nimmersatt.

Dank auch für das fast schon behutsame Lektorat an Regina Carstensen. Und danke an Heike Sieber für die schöne Fotosession in Köln, an den heißesten Tagen des Sommers!

Danke an meine Tochter Anaïs, die mit Zweitnamen so heißt wie die schönste Stadt der Welt. Und danke an ihre Mama Chiara, die den Namen auch für eine gute Idee hielt – oder zumindest mir zuliebe so tat.

Danke an meine ganze, herrliche Familie, die kölschesten Nicht-Kölner:innen des Universums. (Moment mal: Bevor ich geboren wurde, war Wesseling ja kurz Köln, das bedeutet: Die sind alle mal Kölner:innen gewesen und ich nicht! Das check ich jetzt erst!)

Danke an die Bläck Fööss, danke an Tommy Engel. Danke überhaupt an kölsche Musik!

Und danke natürlich an Köln: Do bes jet janz Besonderes. Bliev wie de bes. Ich han dich jän.

Ach, und falls du das hier liest: noch mal danke, Alfred, für den Wein und die Freundschaft!

Register

Bildnachweis

Coverfoto: Auf der Dachterrasse des 25hours Hotel, Köln © Heike Sieber

Umschlagfotos: Kranhäuser am Rhein © stock.adobe.com/Dennis; Autorenfoto © Patricia Haas

Alle Fotos © Heike Sieber außer: **akg-images:** Rainer Hackenberg 202; **Alamy Stock Photo:** Hackenberg-Photo-Cologne 52; Bokelberg, Nilz 178; **Getty Images:** Thierry Monasse 117, Westend61 3; **Huber Images:** Christian Bäck 125; **imageBROKER:** Joko 55, 82, Umschlag innen; KFS 168, Umschlag innen; **imago images:** Eckhard Stengel 187, Kolvenbach 164, CHROMORANGE 186, imagebroker 90, 190, Umschlag innen, Manngold 121, Panama Pictures 155; **laif:** Ali Ali 65, Jock Fistick 157, Manfred Linke 8 oben rechts, 184; **mauritius images:** Alamy/Bildarchiv Monheim GmbH 60, Alamy/ David Bartlett 32, Christian Bäck 143, Raoul Menne 193, Umschlag innen, Travel Collection 73; **picture alliance:** dpa 89, 147, dpa/dpaweb 93, Hackenberg-Photo-Koeln 9 klein, nordphoto 148, NurPhoto 129, Oliver Berg 76, Panama Pictures 35, REUTERS 126, SZ Photo 36, ZB 51, Zoonar 201; **seasons.agency/Jalag:** Borges, Darshana 7 unten, 95, 107, 124, Litwa, Maria M. 40; **Shutterstock:** Chris Dudek 39, cktravels.com 21, Christian Mueller 175, Ilari Nackel 114, Umschlag innen, Nina Alizada 170, Umschlag innen, rantic00 159, saiko3p 67, Travelpixs 198/199, Uwe Aranas 29; **stock.adobe.com:** Isabel 138, Umschlag innen, Kotarl 8 unten, laraslk 161, Richard Kleu 6, Tom Bayer 7 oben, Umschlag innen, stock.adobe.com/YH 10/11; **StockFood:** Eising Studio 102; **ullstein bild:** Hackenberg 194.

Impressum

© 2022 GRÄFE UND UNZER
VERLAG GmbH, Postfach
860366, 81630 München

POLYGLOTT

POLYGLOTT ist eine eingetragene Marke
der GRÄFE UND UNZER VERLAG GmbH

ISBN 978-3-8464-0965-7

1. Auflage 2022

Text: Nilz Bokelberg
Redaktion und Projektmanagement:
Anne-Katrin Scheiter
Lektorat: Regina Carstensen
Bildredaktion: Petra Ender
Satz: Mediendesign Anne Tegler
Kartografie: Gerald Konopik,
Fürstenfeldbruck
Schlusskorrektur: Chris Tomas
Umschlaggestaltung und Layout:
Favoritbuero Gbr
Herstellung: Gloria Schlayer
Repro: Medienprinzen, München
Druck und Bindung: Livonia Print,
Lettland

GRÄFE
UND
UNZER

Ein Unternehmen der
GANSKE VERLAGSGRUPPE

Wichtiger Hinweis
Schilderungen in diesem Buch basieren
auf subjektiven Erinnerungen. Die Dialoge
geben nicht wortwörtlich, sondern sinnge-
mäß vergangene Gespräche wieder. Einige
Namen und die Merkmale einzelner Personen wurden zum Schutz ihrer Privatsphäre
geändert.
Die Daten und Fakten für dieses Werk wurden mit äußerster Sorgfalt recherchiert und
geprüft. Wir weisen jedoch darauf hin, dass
diese Angaben häufig Veränderungen un-
terworfen sind und inhaltliche Fehler oder
Auslassungen nicht völlig auszuschließen
sind. Für eventuelle Fehler oder Auslassungen können Gräfe und Unzer und die Au-
toren keinerlei Verpflichtung und Haftung
übernehmen.

**Ansprechpartner für den
Anzeigenverkauf:**
KV Kommunalverlag GmbH & Co. KG,
MediaCenter München, Tel. 089/928 09 60

**Bei Interesse an maßgeschneiderten
B2B-Produkten:**
roswitha.riedel@graefe-und-unzer.de

Leserservice
GRÄFE UND UNZER Verlag
Grillparzerstraße 12, 81675 München
www.graefe-und-unzer.de

Umwelthinweis
Nachhaltigkeit ist uns sehr wichtig. Der
Rohstoff Papier ist in der Buchproduktion
hierfür von entscheidender Bedeutung.
Daher ist dieses Buch auf PEFC-zertifi-
ziertem Papier gedruckt. PEFC garantiert,
dass ökologische, soziale und ökonomische
Aspekte in der Verarbeitungskette unab-
hängig überwacht werden und lückenlos
nachvollziehbar sind.